1,000,000 Books

are available to read at

Forgotten Books

www.ForgottenBooks.com

Read online
Download PDF
Purchase in print

ISBN 978-0-364-10177-3
PIBN 11283215

This book is a reproduction of an important historical work. Forgotten Books uses state-of-the-art technology to digitally reconstruct the work, preserving the original format whilst repairing imperfections present in the aged copy. In rare cases, an imperfection in the original, such as a blemish or missing page, may be replicated in our edition. We do, however, repair the vast majority of imperfections successfully; any imperfections that remain are intentionally left to preserve the state of such historical works.

Forgotten Books is a registered trademark of FB &c Ltd.
Copyright © 2018 FB &c Ltd.
FB &c Ltd, Dalton House, 60 Windsor Avenue, London, SW19 2RR.
Company number 08720141. Registered in England and Wales.

For support please visit www.forgottenbooks.com

1 MONTH OF
FREE
READING

at
www.ForgottenBooks.com

By purchasing this book you are eligible for one month membership to ForgottenBooks.com, giving you unlimited access to our entire collection of over 1,000,000 titles via our web site and mobile apps.

To claim your free month visit:
www.forgottenbooks.com/free1283215

* Offer is valid for 45 days from date of purchase. Terms and conditions apply.

English
Français
Deutsche
Italiano
Español
Português

www.forgottenbooks.com

Mythology Photography **Fiction** Fishing Christianity **Art** Cooking Essays Buddhism Freemasonry Medicine **Biology** Music **Ancient Egypt** Evolution Carpentry Physics Dance Geology **Mathematics** Fitness Shakespeare **Folklore** Yoga Marketing **Confidence** Immortality Biographies Poetry **Psychology** Witchcraft Electronics Chemistry History **Law** Accounting **Philosophy** Anthropology Alchemy Drama Quantum Mechanics Atheism Sexual Health **Ancient History Entrepreneurship** Languages Sport Paleontology Needlework Islam **Metaphysics** Investment Archaeology Parenting Statistics Criminology **Motivational**

Weisheits-Sprüche
und
Witzreden
aus

Johann Georg Hamann's

und

Immanuel Kant's

sämmtlichen Schriften

auserlesen und alphabetisch geordnet,

mit

den einleitenden Charakteristiken

beider Männer

von

Thadd. Anselm Rixner,

Professor der Philosophie.

Amberg 1828.
Carl Ferdinand Müller.
Leipzig,
Magazin für Industrie und Literatur.

Wie goldene Aepfel auf silbernen Schaalen, also sind Sprüche der Weisheit zur gelegenen Zeit.
Proverb. XXV. 11.

Vorrede.

Des tiefsinnigen, und bis zum Erstaunen vielbelesenen Hamann's Schriften, die von Kennern sehr richtig als Sibyllinische Blätter bezeichnet wurden, liegen nun seit drei Jahren dem eigentlich gelehrten Publikum in einer neuen Ausgabe vor Augen.*)

Soll denn aber das Allgemein-menschliche, und Allen Faßbare, was dieser begeisterte Seher, und tiefsinnige Weise zum Nutzen und Frommen Aller aussprach, nicht auch in den weitern Lesekreisen aller Gebildeten eben sowohl als in den engern der Philosophen von Profession, bekannt gemacht werden?

---

*) Hamann's Schriften; herausgegeben von Friedr. Roth. Berlin, bei G. Reimer 1821—25. VII Bände. 8.

Ein Auszug aus jener bändereichen Sammlung scheint also nicht überflüssig, und dürfte Vielen willkommen seyn, die jene Sammlung sammt allem was sie für Leser ohne eigentliche philosophische Schule Unverständliches hat, anzuschaffen sich wohl schwerlich je entschließen dürften.

Sibyllinische Blätter steigen ja ihrer Natur nach an innerm Werthe, im umgekehrten Verhältnisse ihrer Anzahl, wie aus dem Benehmen der italischen Sibylle gegen Tarquinius den Stolzen hervorgeht, dem sie ihre Bücher zum Ankaufe anboth, und der nach Verbrennung der sechs ersten Rollen die noch übrigen drei letzten um den vollen Werth des Ganzen von der Vernichtung zu retten sich entschloß.

Zudem gehörten ja Sprüchwörter- und Witzreden-Sammlungen von jeher zu den beliebtesten Volksschriften; auch wird wohl mancher, der, wie Sokrates lange Reden und verkettete Schlußfolgen nicht behalten kann, noch jetzt oft wunderbarschnell von der einleuchtenden Wahrheit eines tiefsinnigen Weisheitsspruches, oder einer flüchtigen Witzrede ergriffen, und behält sie lebenslang im Gedächtnisse, nicht ohne kräftigen Einfluß auf sein Thun und Lassen.

Diese Ansicht bewog und leitete den Herausgeber bei der Wahl dieser ausgehobenen Perlen, denen er zur Vergleichung eine ähnliche Blumenlese aus Kant, Hamann's Zeitgenossen, Landsmann und vieljährigen Freund sowohl als Gegner hinzufügte, und in der Meinung, vielen Liebhabern des ernsten Denkens, so wie der heitern Ergötzung einen angenehmen Dienst zu leisten, hiermit der Druckerpresse übergiebt. —

Joh. Georg Hamann.

Johann Georg Hamann's
Charakteristik.

Joh. Georg Hamann, zu seiner Zeit unter dem Namen des Magus in Norden berühmt geworden, war der Sohn eines beliebten Wundarztes (des altstädtischen Baaders zu Königsberg) geboren 1750.

In der Philosophie ein Zögling des nicht unbekannten Professors Martin Knutzen an der Universität seiner Vaterstadt; beschloß er als Kandidat seine akademische Laufbahn im J. 1751 mit Vertheidigung einer Streitschrift de somno et somniis, und verließ bald darauf das väterliche Haus und Königsberg, um in Curland bei verschiedenen Edelleuten die Pflichten eines Privat-Lehrers und Erziehers zu übernehmen. Hier kam er in

Bekanntschaft mit dem Berens'schen Handelshause in Riga, und machte theils für seine eigne Bildung, theils in Angelegenheiten und Geschäften deſſelben Hauses im Jahre 1756 eine Reise nach Holland und England, kehrte 1758 nach Riga, und endlich 1760 nach Königsberg mit Aufgabe seiner Rigaischen Verbindungen zurück, um seinem alten Vater, als dessen Schaffner beizustehen und ihm Erleichterung zu gewähren.

Nach dem Tode seines Vaters 1767 sollicitirte und erhielt Hamann, nachdem er schon ehevor eine Zeitlang als Kopist beim Stadtmagistrate und nachher bei der neu errichteten Kriegs- und Domänen-Kammer gedient hatte, endlich eine ordentliche Anstellung als Secretaire interprête bei der Finanzkammer zu Königsberg, und rückte nach zehn kummervollen Jahren in den etwas einträglichern Posten eines Packhof-Verwalters vor, in welcher Eigenschaft er endlich nach zwanzig Dienstjahren mit Beibehaltung seines kärglichen Soldes in den Ruhestand versetzt wurde.

Als Schriftsteller, wozu ihm die blos mechanischen Geschäfte seines Standes Zeit und Muße genug übrig ließen, trat Hamann zuerst mit den Sokratischen Denkwürdigkeiten auf, die er an Niemand den kundbaren, oder an zwei, (Kant nämlich und Berens seine Freunde) überschrieb.

Diese so wie alle seine folgenden kleinen Flugschriften, sammt den Aufsätzen, welche er vom J. 1764 bis 1776 in die Königsberger gelehrte Zeitung lieferte, machten theils wegen Gründlichkeit und Gediegenheit der Gedanken, theils wegen Sonderbarkeit und Excentricität der Manier und des Styls nicht so fast in Königsberg, als vielmehr in Berlin bei den Redactoren der allgemeinen deutschen Bibliothek; und nachher auch in Niederdeutschland, am Rhein, und in der Schweiz großes Aufsehen, und erwarben dem Verfasser viele angesehene Freunde, als z. B. den Freiherrn v. Möser in Darmstadt, den Minister v. Fürstenberg in

Münster, die Fürstin Amalie v. Gallizin, ebendaselbst, den Freiherrn Carl v. Dallberg, damals Stadthalter zu Erfurt, Lavater'n in der Schweiz, Friedr. Heinr. Jakobi in Düsseldorf, Math. Claudius in Wandsbeck, u. a. m.

Während der Mann jedoch im Auslande so sehr im Ruhme stand, und geschätzt wurde, darbte er leider im Vaterlande, und es wäre ihm unmöglich gewesen, von seiner kümmerlichen Besoldung seinen Sohn und drei Mädchen zu erziehen, wenn ihm nicht der reiche Buchholz, Erbherr zu Wellbergen im Münsterischen, die Zinsen eines ansehnlichen Kapitals hierzu angewiesen hätte.

Diesen seinen Wohlthäter zu besuchen, wagte Hamann im Sommer 1787 als er nun in den Ruhestand versetzt, aber auch schon kränklich war, in Begleitung seines Sohnes die weite Reise von Königsberg nach Münster, bezahlte sie aber auch mit seinem Tode, der ihn zu Münster im J. 1788 den 21. Juni überraschte, als er eben im Begriffe war, die

Rückreise nach Haus a..zutreten. Die Fürstin von Gallizin ließ ihn in ihrem Garten begraben, und ihm daselbst ein einfaches Denkmal errichten mit der von Hemsterhuis, ihrem Hausfreunde angeordneten Inschrift, enthaltend den Spruch: I. Corinth. I. 23:, und die Worte: Jo. Georgio Hamanno viro Christiano.

Seinen persönlichen Charakter betreffend bezeugt J. Georg Scheffner sein Freund, der ihn genau kannte, in der eignen Autobiographie. Königsb. 1827. S. 206. „Hamann war ein Mann von eisenfesten Charakter, vom menschenfreundlichsten Herzen, und seiner unbeschränkten Phantasie wegen ein wunderbares Gemisch von wahrer Kindlichkeit, und den Heftigkeiten des leidenschaftlichen Menschen, der ohne andere meistern und belehren zu wollen, auf den Geist seiner jüngern lernfähigen Freunde einen wunderbaren Einfluß hatte. Sein Haus war ein chaotisches Magazin, in dem Gutes und Kluges, Gelehrtes und Religiöses durcheinander und zum Gebrauche eines jeden der hinkam, offen da lag."

Als einst eine neue Sammlung seiner vielen kleinen Flugschriften besprochen ward, und Scheffner sich anbot, die ihm unverständlichen Stellen anzustreichen, damit Hamann sie etwa durch kleine Anmerkungen verdeutlichen möchte, äußerte dieser ganz unverhehlt, daß er dieses nun wohl nicht überall mehr befriedigend zu leisten vermögte; weil er selbst das meiste, worauf er beim ersten ehemaligen Niederschreiben Rücksicht nahm, bereits vergessen habe: weswegen er dann auch, was nun außer Gott niemand mehr verstehen möchte, nicht wieder, so wie es lautete, aufgelegt, sondern vielmehr ungedruckt wünschte; — und zwar Gewissenshalber.

Jedoch auch hiervon abgesehen, schienen Hamann's Schriften, (wie Lessing sagt) als Prüfungen der Herren aufgesetzt zu seyn, die sich für Polyhistores ausgeben: denn wirklich gehört Polyhistorie dazu, um sie durchaus zu verstehen.

„Er ist kurz (bemerkt J. P. Richter) weil er witzig ist; aber man sieht ihm seinen Witz gern nach, weil er gründlich und gediegen ist. Sein Redefluß gleicht übrigens einem Strome, der vom Sturme stets gegen die Quelle getrieben wird, und daher ungemein schwer zu beschiffen ist. Der Mann wollte leider mit kargen Worten immer mehr des Sinnes andeuten, als ein gewöhnlicher Leser fassen oder errathen konnte."

So geschah es denn, daß ein tiefsinniger und edler Schriftsteller von der Mehrheit seiner Zeitgenossen nicht beachtet, noch weniger aber verstanden wurde.

Selbst über seinem Grabe ruhte noch lange Zeit ein tiefes Schweigen; bis man endlich neuerdings auf Herders rühmendes Wort, auf Jakobi's des Philosophen Zeugniß, und Jean Paul's freudige Anerkennung seine fast vergriffenen, und beinahe vergessenen Schriften wieder hervorsuchte, und sammelte.

Möge nun der Mann, dem als die höchste

Aufgabe der Philosophie galt „das Christenthum zu verstehen, so wie zu üben," auch unter uns Saamen der ächten Weisheit, und der Religion ausstreuen! —

Erklärung der Zahlen.

Die am Schlusse jedes Bruchstückes beigefügten Zahlen beziehen sich auf Friedrich Roth Sammlung der Hamannischen Schriften, und auf Hamanns Briefe an Fr. Heinr. Jakobi. Die römische Zahl bedeutet überall den Band, die arabische aber die Blatt-Seite. Die mit einem Sternchen bezeichneten Zahlen beziehen sich auf die Hamannischen Briefe in Fr. Heinr. Jakobi's Schriften.

Joh. Georg Hamann's,

des Königsberger,

Weisheits-Sprüche und Witzreden.

A.

Aberglaube.

Der Aberglaube wird oft von Politikern des Vortheils wegen theils gehegt, theils bestritten. Jene wollen ein gutes Ziel durch ein verwerfliches Mittel; diese verwerfen das Mittel, nicht weil es schlecht ist, sondern weil sie das gute Ziel selbst hassen. I. 15.

Aberglaube und Unglaube.

Aberglaube und Unglaube gründen sich beide auf eine seichte Physik, und eine eben so seichte Geschichte. I. 55. S. Unglaube.

Abgötterei und Schwärmerei.

Das Eigenthümliche der Abgötterei ist Verliebtheit in Körper ohne Geist; das Eigenthümliche hingegen der Schwärmerei ist Verliebtheit in die Geister ohne Körper. IV. 313. S. Schwärmerei.

Absicht und Beweggrund. S. That.

Durch Absicht und Beweggrund mag dieselbe That in aestimatione morali zum Bubenstück, oder Narrenstreich erniedrigt, oder zur Heldenthat erhoben werden. *IV. 3. 168.

Abstraktionen.

Die todten Abstraktionen der Schule verstümmeln unsere Begriffe von den Dingen, die sie getrennt von diesen festhalten wollen; und führen zur Gottesläugnung und Gotteslästerung. II. 284. S. Atheism, Gottesläugnung, Gotteslästerung.

Accentuation und Rhythmik.

Accentuation und Rhythmik kann oft die Dialektik und Hermeneutik ersetzen. II. 125. S. Dialektik, Hermeneutik, Rhythmik.

Ackerbau.

Der Ackerbau ist freilich (nach Galiani) ein Hazardspiel gegen Wind und Wetter: aber das Fabrikwesen ist gar ein Bankhalten gegen die wandelbare Mode. IV. 402. S. **Fabrikwesen.**

Admivari nihil.

Der Spruch bleibt immer die Grundlage eines naturphilosophischen Urtheils. II. 197. S. **Bewunderung, Wunder.**

Allein das rechte admivari nihil, das der Welt- und Schulweise oft nur affektirt, erlangt im höchsten Sinne nur allein der Weise, der Gott kennt. I. 425.

Adoption.

Die Adoption des Menschen zu einem Sohne Gottes ist gewöhnlich mit einer vorgängigen Züchtigung verbunden. III. 191.

Aerzte.

Wer der Natur gemäß lebt, braucht keine leidigen Aerzte. I. 293.

Aesthetik.

Die lüsterne Aesthetik der Franzosen nennt schöne Natur, was der Zotenreißer Rost die Seele des Mädchens nannte. „Wer dahin greift, wohin er griff, der greift dem Mädchen an die Seele." III. 154. 192. S. Künstler, Naturalisten, schöne Natur.

Aesthetische Künstler.

S. Künstler.

Aesthetische Naturalisten.

S. Naturalisten.

Alten, die.

Warum heißen wir doch die griechischen und römischen Klassiker allein die Alten, und zwar κατ' ἐξοχην? da sie doch nur unverständige Jungen sind gegen die wahren Alten, von denen sie selbst lernten? I. 289. S. Classiker, Griechen, Römer.

Altflickerei.

Alle Altflickerei der Gesetze, der besten Welt läuft auf Windbeutelei und Beutelschneiderei hinaus. VI. 43.

Anfangen.

Wer nicht anfangen kann, kömmt nicht zu Ende; dagegen ist ein guter Aufang schon immer das halbe gewonnene Spiel. VII. 216.

Anthropomorphosis.

Das ist, Vermenschlichung Gottes. S. Religion.

Anti=Christenthum.

Das Anti=Christenthum gehört wohl auch mit zum Plane der göttlichen Oekonomie. Wenn das Rindvieh einmal bei Seiten tritt, wer wird darum die Bundeslade gleich für umgestürzt und für verloren halten, und freventlich die schwache Hand des Menschen ausstrecken, um sie vor dem Falle zu bewahren? IV. 129.

Apotheosis.

Das ist, Vergöttlichung nicht Vergötterung des Menschen. S. Religion.

Arbeit.

Eine jede Arbeit kann und soll zugleich ein Gebet seyn; daß uns aus Gnaden werde, was unsere Kraft allein nicht zu bewirken vermag. I. 363.

Arbeiten.

Alles Arbeiten besteht in Graben und Wegräumen; es geschehe nun mit der Zunge und Feder, oder aber mit dem Pflug und dem Spaten. Das eine wie das andere wird nur im Schweiße des Angesichts vollbracht. I. 354.

Astronomen.

Die übergroße Unwissenheit der Meßkünstler und Mechaniker des Sternenhimmels in Dingen, die sie theils vor ihren Füßen, theils wenn sie in ihr Inneres zu sehen vermöchten, tief in ihrem Herzen liegend finden möchten, macht uns billig ihre angebliche, so übermächtig große, und genaue Wissenschaft von so überaus ferne entlegenen Dingen, wovon sie so genaue Kunde haben wollen, verdächtig. IV. 25.

Auf jeden Fall bedarf man ihrer Beobachtungen und Rechnungen gar nicht zum Beweiß für die Religions-Wahrheiten; sondern sie dienen nur, um sich von den Abgründen der menschlichen Unwissenheit einen Begriff zu machen. IV. 419.

Atheism.

S. Gottesläugnung, Gotteslästerung, Gottlosigkeit, Unglauben.

Aufklärung.

Die wahre Aufklärung ist der Ausgang eines freien Menschen aus einer seiner unwürdigen Vormundschaft. VII. 192.

Ausnahmen.

Wer keine Ausnahmen von der gemeinen Regel zu machen versteht, wird nimmermehr im Stande seyn, ein Meisterwerk hervorzubringen. II. 405. Vergl. mit 430. Ebend. S. auch Regel und Geschmack.

Autor.

Autor, Urheber und Erzeuger. Der erste und größte in jeder Hinsicht ist Gott, von dem alle und jede Autorschaft, d. h. alle Vaterschaft und Erzeugungs- und Hervorbringungskraft im Himmel und auf Erden ausgeht. V. 82.

Autor, ein **Schriftsteller** oder **Büchermacher,** in specie, ist niemand mit Ehren, der es blos um seiner selbst willen, aus Eitelkeit, aus Gewinnsucht, oder aus einer andern selbstsüchtigen Eigenschaft geworden ist. IV. 242. V. 130. — Wer es mit Ehren seyn will, soll daher immer etwas vorbringen, das vor ihm noch nicht war, und viele entbehrten. III. 191. Daher soll er immer um etwas weiter gehen, als sein nächster Vormann kam; denn wofür wäre er denn sonst Autor geworden? III. 151. Ferner soll er die Erwartung seiner Leser zu gewinnen, und zu übertreffen, seinen Kritikern aber zuvorkommen, oder zu entwischen verstehen. IV. 133. S. **Schriftsteller.**

Dunkle Autoren heißen oft diejenigen, welche grade die gründlichsten sind, weil man bei ihnen am häufigsten auf Stellen kömmt, die schwer zu begreifen sind, und viel Nachdenken erfordern. II. 236. S. **Deutlichkeit.**

Tüchtige Autoren, die in ihrer eignen Muttersprache schreiben, haben über diese das Recht der Ehemänner; dagegen die in einer fremden Sprache schreibenden sich den Launen derselben, wie die Liebhaber denen ihrer Gebietherinnen, sich fügen müssen. II. 131.

Untüchtige Autoren stehen oft gleich den Malefikanten die Qual der Tortur, d. h. die Mühe und Plage der Composition wiederholt aus, ohne zum Selbstgeständniß ihrer Unfähigkeit sich zu bequemen. II. 189. Des Gefühles jedoch dieser ihrer Unfähigkeit können sie sich gleichwohl nicht erwehren, da jeder Autor auch unwillkührlich immer sich selber, durch seine eigenen Werke, und zwar von Rechtswegen richtet. IV. 85.

Autor, Leser und Kunstrichter.

Autor, Leser und Kunstrichter verhalten sich gegen einander wie Lehrstand, Nährstand und Wehrstand. III. 242.

Autor und seine Absicht.

Die nächste Absicht eines jeden Autors ohne Unterschied ist, zuvörderst gedruckt, hierauf von hunderten gelesen, und endlich von dreien oder vieren recensirt zu werden. II. 453. S. **Buch, Schriftsteller, Nachwelt.**

Autorität.

Wer einmal in der Philosophie eines andern Menschen Autorität mehr, als seiner eignen Vernunft trauet, gehört unter das servum pecus. 1. 438. 488.

B.

Bauart.

Die geometrische Bauart ist Spinnen, und ihren Nachahmern, den spinozistischen Grüblern, eigenthümlich. III. 192. S. **Mathematik.**

Begebenheiten.

Begebenheiten und Meinungen sind Zeichen der Zeit und Inhalt der Geschichte. Ihr Interesse, dadurch sie wichtig werden, besteht in ihrer Bedeutsamkeit, enthaltend die Offenbarung eines Geheimnisses. III. 232.

Begeisterte (Enthusiasten).

Begeisterte können von Unbegeisterten nicht richtig beurtheilt werden. II. 210. Allein es ist doch nicht jeder Begeisterung ohne Prüfung zu trauen. S. Enthusiasm, Offenbarung.

Begriffe.

Begriffe sind die Mittel, unsere Gedanken Andern mitzutheilen, und andere Gedanken zu verstehen. II. 128. Besonders wird das Göttliche und Unkörperliche nur durch Begriffe und Erklärungen, sonst aber auf keine Weise deutlich. II. 226. S. Reden, Worte.

Beredsamkeit.

Die Beredsamkeit des Demosthenes erstickte an der Silberbräune; die des Tacitus keucht an sittlicher Hektik. IV. 33.

2*

Beruf.

Wer seinen Beruf mit Ernst treibt, dem genüget weder äusserer Beifall noch der Schein. 1. 272.

Bethen.

Zum Bethen gehört eben so viel Zuversicht als Demuth. 1. 507.

Bethschwester.

Bethschwester heißt eine falsche Fromme eben so uneigentlich als ein liederlicher Libertiner ein starker Geist genennt wird. II. 168.

Betriebsamkeit.

S. Emsigkeit, Industrie.

Betrug.

Die Welt will eben betrogen seyn: — wären nun keine Betrüger, die sich unter einander selbst stürzen, so würde es um das Häuflein der Guten sehr mißlich stehen. VI. 177.

Beweggründe.

Wenn die Beweggründe zu einer sittlichen Handlung nicht zugleich Wahrheitsgründe, und umgekehrt die Wahrheitsgründe nicht zugleich Beweggründe zur sittlichen Handlung werden, dann hört alle Einheit zwischen Handlung und Gesinnung auf: und das ganze Leben wird nichtswürdige Heuchelei. VII. 39, 40.

Bewegung.

Keine Bewegung ist ohne einen Widerstand der stets überwunden, nie aber gänzlich besiegt wird, denkbar. III. 233.

Beweise, die, der Schulweisen.

Die Beweise der Schulweisen schaut ein vernünftiger Mann an, wie ein vernünftiges Mädchen einen Liebesbrief; nämlich nicht als baare Münze, sondern einsweilen nur als eine Spielmarke. I. 440.

Bibel.

Die Bibel ist zu mediis terminis un Vergleichungen unbekannter unendlicher Kräften bei weitem ergiebiger, als alle Schriften alter und neuer Philosophen. VI, 58.

Bilden.

Wie das Arbeiten im Graben, so besteht das Bilden (aber nur negative) im Wegschneiden dessen was nicht zur verlangten Form gehört, sondern sie vielmehr hindert. II. 22.

Blödigkeit.

Die Blödigkeit und falsche Sittsamkeit im Denken, Reden und Schreiben hat jetzt so sehr Ueberhand genommen, daß man beleidigen muß, wenn man die Wahrheit sagen und hören lassen will. II. 275.

Brauch und Sitte.

Beide sind bedeutende Zeichen und Merkmale zur Erhaltung beurkundeter Thatsachen. IV. 227.

Brod und Spiele.

Brod und Spiele (panis et circenses) waren von jeher die bewährtesten Mittel der römischen Staatskunst, das Volk bei guter

Laune zu erhalten. — Aber auch Gott, der Alte der Tage, regiert sein Volk auf Erden auf dieselbe Weise. Durch Brodspenden und Spiele des Circus. III. 237.

Buch.

Ein jedes Buch kann eine Bibel, so wie jede Arbeit ein Gebeth seyn. 1. 363. S. Arbeit.

Da kein Buch, so wenig als ein Sperling, ohne Zulassung Gottes untergeht, so hat man im Ernste kein untergegangenes Buch zu bedauern. II. 18.

Ein Buch für die Schule muß kurz, rund und trocken seyn; je weniger es gefällt, desto besser ist es. 1. 503. 512.

Ein gutes Buch soll man durch Kahlklopfen, d. h. durch Auszügemachen, nicht verderben. II. 112. — Der Werth eines Buches wird übrigens keineswegs vermindert, wenn das eiskalte Herz, oder der sophistische Verstand des Lesers sich gegen dasselbe empört, oder verstockt. II. 189.

Ein gutes Buch ist ungezweifelt dasjenige, daraus man im Zweigespräche mit einer großen Seele Genügen und Ruhe findet, und theils weiser, theils besser wird. I. 503.

Ein schlechtes Buch hingegen ist dasjenige, darinnen nichts, weder für den Verstand, noch für den Geschmack, noch für das Herz und die Seele, noch für das Gedächtniß enthalten ist. I. 516.

Buchstaben.

Buchstaben ohne Geist sind Fleisch; und vollends Wörterbücher und philosophische Phraseologien sind gedörrtes Heu. IV. 146.

Bücher.

Bücher, die ein Mann nicht blos zur Zierde, oder zum Spielzeug, sondern als Handwerkszeug besitzt, kann er nicht füglich über vier Wochen entbehren. IV. 105.

Bücher-Richter.

S. Censor, Critiker, Kunst-Richter.

Bürger.

Ohne eignen Heerd und Subsistenz ist man kein Bürger, ohne Land und Leute kein wirklicher Fürst. VII. 50. Nur für den rechtschaffenen Bürger und seinen Schutz sind alle Gesetze gegeben. I. 33. Die Vorsicht läßt wohl zu, daß hin und wieder ein Rechtschaffner zu Grunde geht, um durch die Folgen seines Unterganges auf die Wichtigkeit eines solchen Mannes aufmerksam zu machen. I. 42.

Bourlesque.

Das Bourlesque ist das Gegentheil des Erhabenen, und verhält sich zu diesem, wie das gemeine und niedrige, zu dem heiligen und wunderbaren. Es ist daher im Drama unentbehrlich. II. 440.

Ohne bourlesques und wunderbares verlieren göttliche und menschliche Dinge ihren wesentlichen Charakter. l, c.

C.

Censor.

Der erste Censor und Richter seines Buches ist von Rechtswegen, und mit oder wider sein eignes Bewußtseyn und seinen eignen Willen, allemal jeder Verfasser selbst. VII. 85. S. Autor.

Chaos.

Das Chaos in Ordnung zu bringen arbeitete Gott sechs Tage; die Pseudophilosophen und Pseudopolitiker arbeiten umgekehrt seit sechstausend Jahren die beste Welt wieder ins Chaos zu verwandeln. VI. 258.

Chikaneur.

Mit Leuten, welche gegen die Wahrheit streiten, kömmt man nie zu Recht: denn mit jedem Worte, das man an sie verliert, giebt man ihnen neue Gelegenheit zu neuen Verdrehungen. *IV. 3. 188.

Christenthum.

Wie eine köstliche Perle zwischen zwei Austerschaalen, so liegt das Christenthum zwischen Judenthum und Heidenthum beschlossen, und reifte zwischen beiden. VII. 125.

Das Christenthum heißt mit Recht die Religion des Glaubens, der Zuversicht, und des Vertrauens auf Gott, und seine Zusagen und Versprechungen. VII. 44.

Es ist seiner idealen Grundlage nach als Glaube an die verheißene, und dann erfüllte Menschwerdung des Sohnes Gottes älter als Heidenthum und Judenthum; wie denn Christus selbst sagt: ehevor Abraham war, bin ich. IV. 258.

Diese Religion (des Mensch gewordenen Sohnes Gottes) glaubt nicht an wandelbare wechselnde Lehrmeinungen, nicht an Bilder und Bilderdienst, nicht an angebliche Zeichen und Ceremonien, nicht an Wirksamkeit von todten Formeln und Ritualgesetzen, oder äußere Handlungen, welche man ohne Glauben verrichten kann. VII. 46.

Der Geist kennt keine andere Glaubensfesseln als das feste prophetische Wort, leuchtend in der Finsterniß bis der Tag der

Erleuchtung selbst anbricht, und der Morgenstern des Lichtes aufgeht in seinem Herzen. VII. 47.

Diese Religion ist leider noch immer den Abergläubigen wie ehemals den Juden ein Aergerniß, den Ungläubigen aber wie ehemals den Heiden eine Thorheit: den Erleuchteten hingegen allein Seligkeit und ewiges Leben. IV. 293. S. Antichristenthum.

Classiker.

In einer jeden Sprache heißen nur diejenigen Schriftsteller mit Recht Classiker, welche das Verhältniß der Sprache zu ihrem Gebrauche genau bestimmen. II. 129.

Die classischen Dichter verhalten sich daher zur schönen Natur, wie die Scholiasten zu ihrem Autor. II. 221.

Copernicus.

Das ganze Weltsystem des Copernicus scheint auf einem optischen Trugschluß zu beruhen, und es dürfte wohl noch einmal gegen das ältere biblische verworfen werden. V. 24. Vergl. Schubert die Urwelt, und die Firsterne.

Consequenz.

Folgerichtigkeit im Reden, Schreiben, und Handeln ist ein großer Vorzug. IV. 305.

Convenienz.

In der Politik bricht die Convenienz leider nur gar zu oft die feierlichsten Conventionen. III. 68.

Credit.

Der öffentliche Credit ist das Vertrauen des Publikums auf das Vermögen und den guten Willen eines Biedermanns, zu zahlen, was er schuldet. — Der Credit ist also eine Münze, fundirt auf die Bürgertugend. I. 29.

Critiker.

S. Kunstrichter.

D.

Dämon, der, des Sokrates.

Der Dämon des Sokrates war ein saturninischer: denn er hat ihn nie zu etwas angetrieben, mahnte ihn aber häufig ab, wo der Mann in Gefahr stand, etwas zu unternehmen, was ihn hinterher reuen möchte. II. 109. S. Genie.

Dank für Genuß.

Die Bedingung des göttlichen Segens ist Dank für Genuß: womit zugleich die Erinnerung verbunden ist, daß wir nur nach des Gebers Willen genießen sollen. Zu beiden ist aber nur der Fromme und Religiöse fähig. I. 158.

Demuth.

Die Demuth in der Wahl des Gegenstandes läßt sich mit der Treue der Ausführung gar wohl vereinigen. II. 168.

Denkart.

Die Denkart eines Volkes offenbart sich durch seine Sprache, Religion, Sitten, Gebräuche, Gesetze, äußere Bildung, und Spiele. II. 137.

Die Denkart ist übrigens zweifach; eine unbewegliche und eine bewegliche. II. 126.

Despot.

Ein willkührlicher, eigensinniger Despot ist ein unächter, falscher Erden=Gott, der ohne seine Heloten nichts vermag, deren Dienst er sich erzwingen oder erkaufen muß. VII. 61.

Detail.

Die wahre Kunst zu detailiren fließt immer aus der Vollkommenheit der Grundlage. Diese ist die gesunde Wurzel, welche es keinem Sprößling an Saft und Nahrung fehlen läßt, damit er grüne und gedeihe. III. 109.

Für die Bearbeitung des Details gehört kein weitsichtiger Atlas, sondern vielmehr ein kurz= aber scharfsichtiger Myops. III. 339.

Deutlichkeit.

Die Deutlichkeit seichter Reden und Bücher ist nur Betrug und Täuschung. Denn sie ist Folge der Leerheit, und des Mangels. II. 235.

Dialekte.

Die Verschiedenheit der Dialekte eines und derselben Sprache entstand

a) aus der Verschiedenheit des Clima's, und den Sprachwerkzeugen der daselbst wohnenden Menschen;

b) aus der Beweglichkeit der Sprache selbst;

c) aus der mehr oder minder sorgfältigen Aussprache derselben Buchstaben und Sylben;

d) aus der Verschiedenheit der Betonung;

e) aus der Verschiedenheit endlich der zweiten oder uneigentlichen und figürlichen Bedeutung eines und desselben Worts, oder einer und derselben Phrase, in dem Munde verschiedener Landsleute. II. 229, 231. Siehe Sprache.

Dialektik.

Die Dialektik ist die Wissenschaft von der Handhabung der Gegensätze nach dem Grundsatze ihrer Co-incidenz. VI. 20. S. Principium co-incidentiæ oppositorum; Einheit in der Spaltung,

Dichtung.

S. Gedicht; Poesie.

Dienste.

Dienste, welche Esel=Arbeit erfordern, werden gewöhnlich mit spärlichem Zeisig=Futter belohnt; — und umgekehrt erhalten die, welche kaum Zeisigs=Arbeit erfordern, Elephanten=Futter. V. 210.

Dilettanten.

Dilettanten, die sich zu Kunstrichtern aufwerfen, sind insgemein die größten Heuchler und Ignoranten. V. 83.

Dissonanzen.

Mißlaute, (Dissonanzen) sind die Quellen der Harmonie, wenn sie durch Vermittlung aufgelöst werden. I. 413.

Dogmatiker.

Viele Dogmatiker führen stets die Grundsätze des Widerspruches und des sattsamen Beweises im Munde, und sind dabei die ärgsten Sünder gegen diese ihre eignen Regeln. VII. 25.

Dogmatism und Skepticism.

Können beide eben so füglich in einem Manne neben einander bestehen, als die ἀντιθεσεις της ψευδονύμου γνωσεως mit der κληροφορια des Urtheils und Willens. IV. 3. 344.

Drama.

Drama, als Vorstellung des Lebens durch das Leben selbst, kann des Bourlesquen nicht entbehren. II. 440, 441. S. Bourlesques.

Dressiren.

Den Menschen blos allein dressiren, d. h. ihn zu allerlei Zwecken der Nützlichkeit und des Spiels abrichten, nicht aber bilden wollen; heißt ihn wie ein Thier, und nicht wie einen Menschen erziehen. IV. 329.

Dunkelheit.

Die Dunkelheit, die im Augapfel des gemeinen Sinnes ihren Grund hat, läßt sich durch keine noch so umständliche und gründliche Demonstration heben. IV. 31.

Dürftigkeit und Reichthum.

Die beiden Extreme sind allen Ständen, besonders aber den Handwerkern und Gelehrten, gleich schädlich. I. 31. Zwischen Armuth und Reichthum ist besonders für Handwerker und Gelehrte das beste Leben.

E.

Ehe.

Die Ehe ist ein mit Freyheit und Vernunft geschlossener Bund, Menschen zu zeugen und zu bilden; demnach ist der Mensch allein der Ehe fähig. IV. 226.

Wo menschenfeindliche Ehegesetze sind, da ist es Klugheit und Ehrlichkeit, an einen solchen Bund gar nicht einmal zu denken. IV. 227.

Ehe schließt ihrem Wesen und Begriffe nach jeden Libertinism, und jede Leichtfertigkeit aus. VI. 208.

Ehen sollten freilich überall eine Seele, hausend in zweien Körpern, darstellen; sind jedoch oft im Gegentheil die widerwärtige

Erscheinung zweier feindlich entgegengesetzter Seelen in einem gesellschaftlichen Joche. II. 171.

Ehrenstellen, Ehrentitel.

Dergleichen nicht zu verlangen, braucht man jetziger Zeit nur diejenigen anzuschauen, denen sie insgemein zu Theil werden. I. 12.

Ehrlichkeit.

Deutsche Ehrlichkeit thut der Klugheit keinen Schaden; die Ehrlichkeit mit Verstand gepaart, gewahret leicht und schnell jeden Betrug, als das ihr selbst Unähnliche. II. 149. Anmerk.

Eigensinnig.

Der Pöbel nennt oft den Mann eigensinnig, der ohne Ueberlegung und gewichtige Gründe zu keinem Entschlusse zu bringen ist; wie der Libertiner ein Weib eigensinnig nennt, die sich nicht einem jeden preis geben will. I. 40. 470.

Einfälle und Zweifel des Menschen.

Das Summum unserer sich selbst noch nicht begreifenden Vernunft sind Zweifel und

Einfälle. V. 25. — Zu ihrem Vortrage schicken sich am besten Worte, die geläufig sind, und etwas Nachdenkliches an sich haben. III. 265.

Einfall der Natur.

Ein einziger verlorner Einfall der Natur (un caprizio de la natura productrice) durchstreicht öfter ganze Blätter ihrer eigenen handschriftlichen Regeln. II. 245.

Einheit in der Verschiedenheit, und umgekehrt.

Einheit in der Spaltung des Unterschiedes ist das Geheimniß des Reiches Gottes; ist der Brennpunkt aller Parabeln und Typen, aller Geschichte und Dichtungen; damit die Weisheit kund werde an ihrem Gebäude allen ihren Kindern. VI. 20.

Eins und Alles.

Eins = (·) ist das Sinnbild Gottes, das All = (O) ist das Sinnbild des Universums. Ohne das Eins (·) ist das Universum nichts,

(O) mit dem Ein^{ns} verbunden (☉) wird es All=Eins. VI. 31.

Einsichten.

Einsichten, gründliche, müssen aus der Tiefe geholt werden. III. 14. S. Arbeiten.

Emsigkeit.

Emsigkeit ist Rührigkeit. S. Industrie.

Encyclopädisten.

Die französischen Encyclopädisten waren die Wahrheit verfolgende Cyclopen: Sie wollten in ihrer Thorheit Trauben von den Dornen, und Feigen von den Disteln lesen; erwartend Früchte der Sittlichkeit nach ausgerotteter Religion. — Der Ausgang und Erfolg hat die Unrichtigkeit und den Unverstand der Voraussetzung bewiesen. IV. 83. 31.

Enthusiasm.

Der ächte Enthusiasmus ist keine Thorheit, denn ohne ihn gelingt nichts Großes. I. 360.

Die Religion insbesondere müßte ohne ihn ersterben. III. 265.

Er allein vermag dem Leben, dem contemplativen sowohl als activen, einen Werth zu ertheilen. III. 197.

Er ist der geschworne Feind und oberste Widersacher aller kleinen seichten Staats- und Weltweisen, Philister und Schulfuchsen. III. 199.

Erde.

Die Erde ist freilich überall des Herrn; aber von ihm der Disposition der ungezogenen und naseweisen Menschen-Kinder überlassen. VI. 312. S. oben Chaos.

Sie ist ein kleiner Punkt; gleichwohl setzt sich auf ihrem kleinen Raume nicht jeder dahin, wo er will. II. 108.

Erdichtungen.

Erdichtungen, Encia imaginationis, die weder sind noch seyn können, stellt man sich oft als Wahrheiten vor; und hat gleich Theorien fertig, diese Geschöpfe seiner eigenen Einbildung, als wären sie Wirklichkeiten, zu erklären und zu beweisen. *IV. 3. 6. 99.

Erfahrung und Offenbarung
sind die zwei unentbehrlichen Flügel oder
Krücken unserer Vernunft, um sich zu
Gott aufzuschwingen; ohne diese würde sie
lahm bleiben, und immer am Boden kriechen.
*I. 387.

Erkenntniß.

Die Erkenntniß des Guten und Bösen
war von jeher die Mausfalle des alten So‌-
phisten, der das ganze Menschengeschlecht
verführte: weil gerade diese Erkenntniß das
süße Obst ist, daran die unschuldige Näsche‌-
rin, die Seele, ihre Lust hat. II. 245.

Erscheinung und Wesen.

Alles außer Gott ist nur Erscheinung, wie
die Philosophen ganz recht sagen, ohne sich
selbst zu verstehen, oder verstanden zu wer‌-
den. *IV. 5. 225.

Erziehung.

Nicht blos dressirt wie ein Thier, sondern
gebildet und erzogen werde der Mensch, zu‌-
vörderst zwar zur Religion, dann zur Poesie,

und endlich auch zur Philosophie: nicht aber umgekehrt, die Rosse hinter den Wagen gespannt. VII. 198.

Ethik.

S. Moral, Sittenlehre.

Etwas und Nichts.

Etwas und Nichts sind bekanntermaßen die ersten Elemente, und die letzten Resultate aller theoretischen und praktischen Erkenntniß. Aus ihrer Zusammensetzung im Anschauen des Eines in dem Vielen entsteht das außer- und übersinnliche Licht der Vernunft, welches in diese und jene Welt hineinleuchtet, und die eigentliche Wissenschaft erzeugt. VI. 5.

Ein Nichts für einen jeden innern und äußern Sinn, und ein Etwas für den bloßen abstrakten Verstand oder Begriff läuft zuletzt auf einerlei Unding hinaus. IV. 244.

Evangelium.

Die frohe Bothschaft (das Evangelium) von der Menschwerdung Gottes ist über alle

Vernunft, und die Hyperbel aller Erkenntniß. III. 253.

F.
Fabrikwesen.

Das Fabrikwesen ist zuletzt ein Bankhalten gegen die wandelbaren Launen der Mode, die jeden Augenblick wechseln kann, und zu wechseln pflegt. IV. 402. S. Ackerbau.

Fanatiker.

S. Schwärmerei.

Faulenzer.

Die ärgsten Faulenzer sind die polypragmatischen Geschäftelhuber. I. 502.

Fechten.

Der ist des Fechtens noch lange nicht vollkommen kundig; wer nur noch blos das Auspariren versteht. II. 228.

Fleiß.

S. Industrie.

Folgerichtigkeit.

S. Consequenz.

Forte und piano.

Die schickliche Anwendung von beiden zur rechten Zeit, und an den gehörigen Stellen ist die höchste Kunst, so wie in der Musik, also auch in der Politik, und im Leben. III. 219.

Fragmente.

Fragmente, Bruchstücke, Brocken, verdienen eine wirthschaftliche Aufmerksamkeit. Lesebrocken aus den Werken tiefsinniger Autoren sind um so weniger zu vernachläßigen, da wir ja überhaupt von Brocken leben, und unser ganzes Wissen vor der Hand nur Stückwerk ist. I. 129.

Franzosen.

In ihrer Sprache herrscht lauter Zweideutigkeit; in ihrer Kunst lauter Zerstreuung, in ihrer Schreibart lauter Spitzfindigkeit, in ihren Handlungen insgemein viele Dumdreistigkeit. II. 177.

Sie ziehen einen Einfall der Vernunft, und eine Mode dem Genie vor. II. 177.

Ihr Geschmack ist läppisch; ihre Reli=

giosität veraltet, und kindisch geworden: ihre Geistlichkeit ist eine bloße Figuration. ll. 178.

„Sie fürchten sich vor dem Namen Schwärmer, und haben doch eine Menge Sektirer. ll. 199.

Ihre Vernunft bekennet sich als eine Tochter der Sinnen; und darum ist denn auch ihre Philosophie Materialismus und Thorheit. l. c.

Der Ruhm ihrer Schriftsteller ist, daß ihre Brochüren der Henker zerreißt und verbrennt; und ihrer Witzlinge Triumph ist ihre platte Gotteslästerung. l. c.

Ihr Charakter wäre nur durch Einpropfung von einer Portion von englischen Pflegma, welscher List, spanischer Schwerfälligkeit, und deutscher Gründlichkeit zu verbessern.*) ll. 183.

---

*) Der Leser vergesse nicht, daß diese Stelle schon im J. 1761, folglich 28 Jahre vor dem Ausbruche der französischen Revolution geschrieben ward. Ob es nun seit der Re-

Frauenzimmer.

Ein hübsches, artiges Frauenzimmer kann sich hinsichtlich ihrer Freyer des Schlusses von post und penes, auf ein propter nicht wohl enthalten. IV. 293.

Frechheit.

Ist das unbändige Gelüsten, welches sich alles erlaubt, und möglich zu machen versucht, was einem eben einfällt. I. 14, 15.

Die Frechheit will also Gesetzlosigkeit. I. 144.

Freunde.

Freunde hören und lesen öfter sich selbst einer in dem Andern, nicht ohne gegenseitiges Staunen. I. 4. Darum räumen sie sich auch einander (wo sie sich einmal wechselseitig gefaßt und verstanden haben)

---

pristination in Frankreich in Hinsicht auf Religion und Wissenschaft, um vieles besser geworden seye, als es vor dem Ausbruche der Revolution stand, zeigen die Erscheinungen der Gegenwart.

gerne und willig oft noch mehr Freyheit ein, als jeder von beiden sich gegen den andern von selbst herausnimmt. V. 6.

Wer hingegen zu seinem Freunde kein rechtes Vertrauen hat: wie will der seinen Feinden herzhaft begegnen? V. 132.

Freundschaft.

Die Freundschaft ist das unentbehrlichste Salz, ohne welchem das tägliche Brod unschmackhaft ist, und nicht gedeihet. VII. 142.

Freunde, die unächten,

dienen blos zum Gegengift gegen die lange Weile, nicht zum Adjutorium vitæ; dagegen die ächten Freunde, dimiduum animæ nostræ Wetz= und Schleifsteine unserer Ideen, und Arbitri unserer Einfälle sind. VII. 166.

Freygeist.

S. Libertiner.

Freyheit, die sittliche.

Die sittliche Freyheit ist eben sowohl ein Vermögen bös als gut zu seyn: fände das erste nicht statt, so möchte der Mensch kein Verdienst erwerben; fände das zweite nicht statt, so wäre keine Zurechnung der eignen Verschuldung möglich; ja selbst keine Erkenntniß des Guten und Bösen. IV. 41.

Freyheit, die bürgerliche.

Die bürgerliche Freyheit ist die ungesperrte Macht, alles thun zu dürfen, was dem gemeinen Besten nicht entgegen ist. 1. 14. 15.

Freyheit setzt also ein Gesetz voraus, nur Frechheit will absolute Gesetzlosigkeit. 1. 144. Vergl. Frechheit.

Freyheit, die, der Rede.

Die Freyheit der Rede, alles zu sagen, zu schreiben, und drucken zu lassen, ohne Wahrheitsliebe und Klugheit, stiftet nur Schaden. VII. 87. S. Rede u. Schreibfreyheit.

Frömmigkeit.

Die Frömmigkeit lehrt uns Dankbarkeit gegen Gott, mit Demuth und Gehorsam. S. Dank für Genuß.

Fromme, eine falsche, geheuchelte.

Eine falsche geheuchelte Fromme heißt nur zum Spotte und per Antiphrasin eine Bethschwester. S. Bethschwester, und Bethen.

Fürst.

So wenig einer ohne eigene Heimath und Heerd ein Bürger, so wenig kann jemand ohne Land und Leute im eigentlichen Sinne ein Fürst heißen. VII. 50.

Wehe dem reichen Fürsten eines armen Volkes; aber Heil dem armen Landesvater, der reiche Kinder hat. VII. 173.

G.

Gebeth.

S. Vorsehung, speciale.

Gebräuche.

S. Brauch und Sitte.

Gedanken.

Gewisser Gedanken sind wir nur einmal in unserm Leben fähig, obgleich nichts in unserer Seele verloren geht. III. 392. V. 25. Semel enim loquitur Deus, et secundo hoc ipsum non repetit, spricht Eliuh beim Hiob. XXX. 15. Vergl. Begriffe.

Gedichte.

S. Poesie. Unterschied eines Gedichtes von einer Geschichte. S. Geschichte.

Gefühle.

S. Selbstgefühl.

Geheimnisse.

Die Geheimnisse und Wunder soll man weder ohne Noth häufen; weder ganz und gar abläugnen: jenes ist thöricht, dieses gottlos. IV. 326.

Gehorsam.

Ein Gehorsam nach Belieben, ist gar keiner. IV. 333.

Geist, der denkende.

Nach den Materialisten besteht der Geist in einem Löffel voll Grütze des Marks unter dem Hirnschädel. IV. 247.

Doch Nein! der Geist, ein Hauch des göttlichen Mundes ist nicht ein Bestandtheil, sondern der Herr seines Leibes, dessen Erhalter und Gebieter, nicht aber dessen bloßer Kämmerdiener, oder Waffenträger. Demnach diene der Leib dem Geiste, der Geist aber gehorche Gott seinem Schöpfer. ll. 272.

Die Libertiner, die den Geist so sehr erniedrigen und so ganz und gar verkennen, mögen eben darum nur zum Spotte und per Antiphrasin starke Geister genennt werden. ll. 168.

Geld und Sprache.

Geld und Sprache die beiden Speditions-Mittel zum Waaren- und Gedanken-Verkehr stehen in der nächsten Verwandtschaft und Analogie: und beider ihre Untersuchung, Prüfung und Bewährung ist eben so tiefsinnig als spitzfindig. ll. 135.

Cäsar würde zu unserer Zeit seinen Ruhm darein setzen, ein guter Münzmeister zu seyn: so wie er ihn zu seiner Zeit darein setzte, ein guter Sprachforscher zu seyn, außer dem daß er Cäsar war. II. 136.

Gelehrsamkeit.

Die Gelehrsamkeit ist ein kümmerliches Handwerk, wozu die Industrie eines Trödlers und die Geschwätzigkeit und Beredsamkeit eines Kräutelweibes erfordert werden. II. 180.

Gelehrte.

Gelehrte, die sich zanken wollen, halten oft nicht erst für nöthig, sich zu verstehen. II. 120.

Heut zu Tag biethet auch die selbst bei Gelehrten nur allzuhäufig sich offenbarende Unkunde in den Tiefen der Sprache unendlich viele Gelegenheiten zu gegenseitigen Mißverständnissen dar: kömmt aber auch glücklicher Weise manchmal größern zuvor. II. 138.

Gemälde und Umriß.

Die vollkommene Aehnlichkeit eines Gemäldes mit seinem Urbilde ist von der Gleichförmigkeit in der Zeichnung und von der Farbengebung, wie auch von der Temperatur des Lichtes und des Schattens abhängig: — Zum Behufe des einfachen Wiedererkennens ist jedoch auch schon die bloße Gleichförmigkeit in der Zeichnung auch ohne Colorit hinlänglich. II. 123. — Das ausführliche Gemälde entspricht der Anschauung, der simple Umriß dem Begriffe.

Genie.

Der Geburtstag eines Genie's wird gewöhnlich von einem Marterfeste vieler Unmündigen, das durch jenes veranlaßt wird, begleitet. Denn die Genien erscheinen eben sowohl zum Heil als zum Untergange vieler tausenden gemeiner Menschen. II. 302.

Die vornehmsten Genie's sind 1) die **philosophischen**, wegen ihrer Tiefe und Ruhe; man nennt sie die **saturnischen**. S. Dämon des Sokrates;

2) die **königlichen** wegen ihres beherrschenden Einflusses auf andere; man nennt sie die **jovialischen**;

3) die künstlerischen und erfinde­rischen, wegen ihrer leichten Beweglichkeit, wodurch sie im Stande sind, wohl sieben Ideen auf einmal zu umfassen: man nennt sie die merkurialischen. II. 216.

Gerades und durchaus Vollkommenes.

Schlechthin Gerades giebt es wenig in der Wirklichkeit; — aber was thuts? eine krumme Nase ist doch auch eine Nase; — und immer noch besser als gar keine. VI. 285.

Geschichte.

Die Geschichte mag unwahrscheinlich seyn, wenn sie nur als Wahrheit erprobt ist; ein Gedicht aber nur immer Wahrscheinlichkeit haben, damit es täusche. II. 192.

Die gewöhnlichen Compendien der Ge­schichte enthalten so wenig einen Schlüssel zur Menschenkunde, als die Anatomie eines Leichnams über das Leben Aufschlüsse geben kann. II. 218.

Geschichte ist das Fundament und der Bo­den aller Erfahrung und Offenbarung. *I. 387.

Ohne menschliche Freiheit aber ist keine Geschichte, so wenig als eine Philosophie möglich ist. VI. 302.

Begebenheiten und Meinungen, der an sich unbedeutende Stoff der Geschichte, können nur in soferne ein Interesse erzeigen, in wiefern sie als Offenbarungen einer höhern Nothwendigkeit im Verlaufe der Freiheit aufgefaßt und erkannt werden. III. 232.

Zu verwundern ist, daß noch niemand für die Geschichte so viel gewagt hat, als Bako für die Naturwissenschaft unternahm; nämlich eine Instauratio magna, ex principiis, deren sie so sehr bedürfte. II. 119. S. Weltlauf.

Geschichtschreiber.

Der Geschichtschreiber hat die mühselige Aufgabe, eine Mosaik zu liefern, d. h. ein Bild nach dem Leben aus unendlich vielen mit Fleiß und Sorgfalt zusammen zu suchenden, und künstlich mit einander in ein Ganzes zu verbindenden Theilen, das Licht und Schatten zeige, darzustellen: — Der

Dichter hingegen ist ein Kunstgießer; seine Arbeit muß aus einem Gusse vollkommen hervorgehen, wenn sie etwas taugen soll. IV. 395.

Geschmack.

Der gute, richtige und feine Kunstgeschmack ist nicht etwa ein ausschließliches Regale des Hofes, oder der Hauptstadt; sondern ein freies Geschenk des Himmels. III. 151.

Wer Geschmack hat, der versteht auch von der gemeinen Regel zur rechten Zeit Ausnahmen zu machen. — Ihm gefällt daher nur weniges, nämlich nur allein das allervortrefflichste. I. 316. 292.

Gesetzgebung, politische.

Der außerordentliche Geschmack, und der königliche Luxus an immer neuen Formen derselben, beweist immer eben eine große Unfähigkeit, sowohl sich selbst zu regieren, als Andere; ist aber ein gemeinschaftliches Bedürfniß für Sklaven und Despoten, die beiderseits nimmermehr erträglich sich befinden können. VII. 47. 48.

Gesetz-Reform.

Wenn dann die Gesetz- und Justiz-Reformirer etwa neue Schnitzer machen; wird so eine Reform nur ein frischer Dünger für neue Chikanen. VI. 132. 273. 274.

Gesichtspunkt.

Der Gesichtspunkt der Seele wird oft durch die Lage des Leibes, ob und wie man eben steht, sitzt oder liegt, bestimmt. II. 122. Dasselbe behauptete auch Lichtenberg in seinen vermischten Schriften. I. 166.

Gesinnungen.

Gesinnungen ohne Handlungen, und Handlungen ohne Gesinnungen sind eine verwerfliche Halbirung einer ganzen lebendigen Pflicht in zwei todte Hälften. VII. 39. S. Pflicht.

Gesunde.

Die Gesunden brauchen nur einen Koch; die Kranken aber bedürfen des Arztes. VII. 286.

Aber sind sie denn nicht meistens selbst schuld daran, daß sie eines Arztes bedürfen? Vergl. Aerzte.

Gewissen.

Das Gewissen geht nur gar zu leicht zwischen Menschenfurcht und Menschengefallsucht zu Grunde. I, 356.

Glaube.

Der Glaube aus dem innersten und unmittelbarsten Selbstgefühle giebt den Gründen erst Gewicht, und wird nicht selbst durch diese erst nachher erschaffen, herbei geführt, oder motivirt. II. 35. 36. Denn was man glaubt, dessen Seyn hat für den Gläubigen nicht erst nöthig bewiesen zu werden: so wie umgekehrt ein Satz noch so bündig bewiesen seyn kann, ohne deswegen geglaubt zu werden. l. c.

O! der Glaube aus unmittelbarem Selbstgefühl ist ein lebendig, geschäftig, thätig und mächtig Ding, das nicht jedermanns ist: — ist etwas ganz anderes als Ueberredung, das weit unmittelbarer, weit inniger, weit dunkler und doch weit gewisser uns überführet und erleuchtet. II. 430.

Glaube, der religiöse.

Der religiöse Glaube kann und darf nicht auf den Triebsand modischer Gelehrsamkeit, er muß auf das göttlich=prophetische Wort in unserer Seele gegründet seyn, dem das äußere Wort der heil. Schriften Zeugniß giebt. IV. 194.

Demnach hat der historisch=biblische Glaube des Vernunft=Glaubens eben so nöthig, als dieser für seine geschichtliche Bewahrheitung des biblischen Wortes. — Denn ist wohl irgend eine Erkenntniß möglich ohne Vernunft=Gründe (*IV. 3. S. 347.), und kann eine nothwendige Vernunft=Anschauung anders nachgewiesen werden außer durch die Wirklichkeit der Geschichte? l. c.

Der religiöse Glaube hebt freilich den Unterschied zwischen Natur und Gnade, Finsterniß und Licht, Tod und Leben nicht auf; sondern bestätigt ihn vielmehr; aber indem er zugleich die beiden Gegensätze vermittelt. III. 251. 252.

Glücksfall.

Die Wissenschaft von Benutzung der Glücks-
fälle (Casus fortunae), die Bako so sehr em-
pfahl, und die noch mangelt, wäre eine Art
von angewandter Klugheitslehre, verbunden
mit einer Art von algebraischer Wahrschein-
lichkeits-Rechnung. II. 122.

Glückseligkeit.

Eine äußere und sinnliche Glückseligkeit,
die schlechthin nichts weiter zu wünschen übrig
läßt, dergleichen ein Unding ist, soll niemand
auf Erden verlangen. — Im innern Frieden
des Herzens ist Seligkeit genug, um auch in
der ärgsten Welt ausdauern zu können. I. 28.

Gott.

Gott ist der große ποιητής, der Welt- und
Menschenschöpfer zu Anfang der Zeiten; und
wird am Schlusse der Zeiten auftreten als
Welt- und Menschenrichter urplötzlich mit
der Ueberraschung eines Diebs. II. 282.

Er ist, wie jeder Autor, der erste, beste

und zuverläſſigſte Ausleger ſeiner eigenen Welten und Worte. II. 274.

Er ſpricht mit den Menſchen, wie die Wärterin mit ihrem Kinde meiſtens in Solöcismen. II. 208. Denn da es den Menſchen unmöglich war, ſich von ſich ſelbſt zu Gott aufzuſchwingen, hat ſich Gott freiwillig zuerſt bis zu den Menſchen herabgelaſſen. I. 72. Und er richtete und bequemte ſich nach uns, weil er uns liebte, und wir unvermögend waren, uns zuerſt nach ihm zu richten. I. 26.

Gottes des lebendigen Beweis.

Der lebendigſte Beweis des göttlichen Seyns und der Lebendigkeit und Perſönlichkeit Gottes iſt wohl dieſer: daß wir ja mit Augen ſehen, und mit Händen greifen, was er ſchuf. IV. 3. 144. Und wenn die Narren ſind (wie die Schrift ſagt), die in ihrem Herzen das Daſeyn Gottes läugnen; ſo kommen mir die um nichts klüger, ja beinahe noch närriſcher vor, die das Daſeyn Gottes erſt be=

weisen, und aus etwas Gewissern als Gott selbst ist, ableiten wollen. *IV. 3. 162.

Den Beweis für Gottes Daseyn zu finden bedarf es keiner Kopfschmerzen des Grüblers; die Pulsschläge des fühlenden Herzens sind dazu hinlänglich. IV. 3. 144.

Gottes-Erkenntniß.

Je lebhafter die Idee eines unsichtbaren persönlichen Gottes in unserm Gemüthe herrscht, desto fähiger sind wir, ihn auch in seiner Offenbarung durch unsere Sinne zu erkennen, und die Spuren seiner Leutseligkeit in seinen Geschöpfen wahrzunehmen. II. 283.

Gott jedoch, nach Art der Heiden, gar nicht in seiner Persönlichkeit, sondern blos allein in der Anschauung der Natur erkennen und bewundern, ist fast dasselbe, als den Mann blos aus seinem Kleide, oder den Monarchen aus seinem Pallast erkennen und schätzen wollen. II. 208.

Gottes Freundschaft.

Wem Gottes Freundschaft und ihr Friede genügt, der bekümmert sich wenig um die Freundschaft der Welt, die ohnedieß ein lauteres Aprilwetter ist, und uns mehr Kalendermachen, als handeln lehrt. III. 225.

Gottesfurcht und Glaube.

Die Gottesfurcht ist der Anfang der Weisheit; denn die Gottesfurcht macht uns feig zu lügen, und faul zu erdichten. VII. 192. Auch kann niemand je verzweifeln, der noch lebendig an Gott glaubt, welcher die Menschen liebt. III. 359.

Gottesläugnung und Gottlosigkeit.

Gottesläugnung und Gottlosigkeit ist allemal eine selbst verschuldete Seelenkrankheit, die zum ewigen Tod führet.

Der höchste Grad von Verblendung ist, wenn der Seelenkranke in diesem Zustande sich für gesund hält, und sich selbst gefällt; seine Todesschwäche für Stärke, und seine Verfinsterung für den Schimmer eines ihm neuerdings aufgegangenen Vernunft=Lichtes angebend. Vergl. Franzosen und sogenannte starke Geister.

Gottes Menschwerdung.

Das unendliche Mißverhältniß des Menschen zu Gott aufzuheben, und aus dem Wege zu räumen, mußte Gott selbst Mensch werden, damit der Mensch seinerseits gleichfalls an der göttlichen Natur theilnehmen möchte. VII. 59.

Die Verklärung der Menschheit in der Gottheit (Apotheosis), und die Offenbarung der Gottheit in der Menschheit (Theanthropomorphosis) ist das verborgene Senfkorn, welches allen Religionen zu Grunde liegt, im Christenthume aber zu einem Baume der Erkenntniß und des Lebens ausgebreitet und ausgewachsen erscheint. IV. 329. 330.

Göttliches und Menschliches.

Die Communicatio göttlicher und menschlicher Idiomatum ist ein Grundgesetz und der Hauptschlüssel aller unserer Erkenntniß, und

der ganzen sichtbaren Haushaltung des Welt-
alls. IV. 23.

Offenbarung und Vernunft, Wunder und
Natur, Menschliches und Göttliches stehen
nicht etwa nur außer einander im unversöhn-
lichen Widerstreite, sondern gehen vielmehr ver-
söhnt und ergänzend in einander über. VI. 170.

Grundsätze.

Mangel an Grundsätzen (Principien)
darinnen beide Partheien einig sind, und
sich gegenseitig verständigt haben, ist gewöhnlich Schuld an allen den stets sich
wieder erneuernden Schulgezänken. II. 204.
Vergl. oben Gelehrte.

Gut.

Kinder, und Leute die Kindern gleichen,
behaupten, daß alles gut seye, wie es Gott
geschaffen habe. — Hof- und Schul-Leute
aber haben zu jener uralten Ueberlieferung unendlich viele, theils ironische, theils satyrische
Randglossen hinzugesetzt. II. 244.

H.

Handel,
(mercatura, mercimonium).

Der Handel und das Gewerb ist die Schaufel, welche das gehäufte Geld, wie das Getreid, umsticht, und es erhält für jede Aussaat, so wie für jeden Genuß. I. 16.

Handlung (gestus).

Handlung (gestus) ist die Seele der Beredsamkeit und der Schreibart. II. 111.

Handlung (actio).

Wer in seiner Handlung ungestört bleiben will, darf keinem Zeitungsschreiber oder Critiker ins Wort fallen. II. 110.

Handlung, eine sittliche.

Der Werth der sittlichen Handlung liegt nicht in der sichtbaren That, sondern in dem unsichtbaren Beweggrunde derselben, und in der reinen Göttlichkeit der Absicht. II. 157. —S. Absicht.

Die Handlungen der Heiligen bezeichnet eben so diese Göttlichkeit der Absicht, wie die Wunder und die Kunstwerke. II. 157.

Handwerker.

Dürftigkeit und Reichthum, die beiden Extreme, sind den Handwerkern wie den Gelehrten gleich schädlich. I. 31. S. Dürftigkeit.

Harmonia præstabilita.

Die Harmonia præstabilita erklärt die Uebereinstimmung aller Dinge, die im Weltall herrscht, besser als der physische Einfluß. II. 473.

Haus, das eigene.

Das eigene Haus ist für jeden Hausvater die Camera obscura, darin er für seine eigene Anschauung zum Behufe des pragmatischen Lebens das Weltall auffassen muß. VI. 68.

Heiden.

Alle Heiden in Bausch und Bogen in die Hölle verdammen, wie die alten Theologen thaten; — und entgegen alle Heiden heilig sprechen, wie es einige Neuere machten, ist sottise de deux ports. IV. 325.

Heiterkeit.

Eine immerwährende Heiterkeit ist der Gipfel aller Philosophie: denn sie allein zeigt alle Gegenstände in ihrem wahren Lichte und Maaße. IV. 407.

Hermeneutik.

Die Hermeneutik (Deutung oder Auslegung) einer jeden lebendigen Rede wird durch die Accentuation ungemein gefördert und erleichtert; ja sogar oft überflüssig gemacht. II. 125.

Dasselbe gilt von der richtigen und sorgfältigen Interpunktirung einer Schrift. S. Accentuation.

Herrschen.

Wer nur durch Zwang oder List zu herrschen versteht, wird im erstern Falle ein Tyrann, im andern Falle ein Sophist. Jener haßt die Menschen, die ihn wieder hassen; weil er sich vor ihnen fürchtet, da er sie für kräftig hielt: verbirgt aber seinen Haß unter die Maske von Ernst und Strenge. Dieser verachtet die Menschen, weil er sie als Dumme hält, die er zu übersehen glaubt; verbirgt aber seine Verachtung unter die Maske von Leutseligkeit und Güte. Jener wird fast immer gestürzt, weil er gehaßt ist, wie er hasset: dieser erhält sich insgemein sein Lebenlang, weil er der Menge zu schlau ist. IV. 153.

Herrschen nach göttlichem Muster heißt herrschen nach Gerechtigkeit, gemildert durch Güte. l. c.

Heuchelei.

Die Heuchelei ist dem Unglauben und dem Aberglauben gemein. II. 239.

Himmels- und Gestirnen-Einfluß.

Gott lenkt die Menschen nach seinen Absichten weit unmittelbarer durch ihre eigenen Grillen und Hirngespinnster, denn durch den Einfluß so weit von uns entlegener Sterne und des Himmels. II. 28.

Hoffnung.

Man würde gar oft das nicht thun, was man kann, wenn man nicht die Hoffnung nährte, man werde noch mehr zu thun vermögen, als man wirklich kann. I. 273. Vergl. Können.

Homo sum.

In diesem Spruche liegt eine Welt voll Ergo's oder Folgerungen. VI. 286.

Hypothese.

Ein Axiom ist freilich einer Hypothese vorzuziehen; doch ist auch eine Hypothese nicht zu verachten: nur muß man sie nicht als Grundstein brauchen wollen, sondern nur als Gerüst. I. 508.

J.

Jahrhundert.

Das siebenzehnte Jahrhundert war das der genialen Gelehrten; das achtzehnte Jahrhundert hingegen größtentheils das der Aefferei, welche Aufklärung hieß. II. 178. Im Ganzen war es ein tragikomisches, worin große Männer unterlagen, und Spitzbuben und Narren ihr Glück machten. IV. 208. Auch möchte man es mit Recht wegen seiner Schreibseligkeit, und wegen der Abnahme des baaren Geldes das papierene heißen. IV. 268.

Ich.

Ich, das eigene, welches omnis generis ist, findet sich immer in der größten Verlegenheit bei einem Ich nullius generis, das rechte Er, Sie, oder Es, das darunter zu verstehen ist, heraus zu finden. IV. 303, 304.

Industrie.

Die Industrie oder Rührigkeit eines Schurken verhält sich zu der eines ehrlichen Mannes, wie ein Maximum zu einem Minimum. VI. 258.

Zu der erstern gehört schlechthin ein Ingenium græcum et mendax. II. 192.

Inversionen.

S. Umkehrungen.

Ironie.

Ironie (Verspottung) ist die vorsätzliche, jedem Verstande offenbare Verstellung der logischen oder moralischen Prädicate; wenn z. B. in theoretischer Hinsicht das Wahre falsch, und das Große klein, oder aber in praktischer Hinsicht das Gute bös oder schändlich, und das Schöne häßlich genannt wird. I. 370.

Gott selbst ist ein vorzüglicher Liebhaber dieser Figur, und bediente sich derselben häufig nicht nur in seinen Worten, in der heil. Schrift, sondern auch in seinen Werken: indem er z. B. das vor der Welt Unedle und Niedrige erhöht, und dagegen das Vornehme und Edle erniedrigt; die Weisheit zur Thorheit, und die Thorheit zur Weisheit macht, die Schande in Ehre, und die Ehre in Schande verwandelt. I. 425.

Irrthümer.

Irrthümer, worin jemand bona fide geräth, sind oft lehrreicher, als der alte Sauerteig einer mißverstandenen Orthodoxie. *IV. 3. S. 343.

Fast alle Irrthümer sind im Grunde nichts als zu voreilige Schlüsse vom Besondern auf das Allgemeine. IV. 393.

Die kräftigsten, sind eben so wie die kräftigsten Wahrheiten dem gemeinen Haufen unsichtbar. II. 197. 226.

Die gewöhnlichen, durch Glück und Routine modificirt, schaden weniger, als die richtigsten Wahrheiten, wovon man aber eine widersinnige Anwendung macht. I. 437.

Italien.

Italien (Welschland) ist das Land des heiligen Grabes der schönen Künste des griechischen und römischen Alterthums; wohin deswegen alle Künstler und Kunstliebhaber noch immer wallfahrten, um sich von daher Reliquien zu holen. V. 119.

Juden.

Schon ihre Sprache verräth den Charakter dieses Volkes, nämlich steife Anhänglichkeit an veraltete gesetzliche Formen. II. 123.

Jünglinge.

Klugheit und Richtigkeit muß man von Jünglingen in ihren Aufsätzen und Gesprächen nicht erwarten, noch verlangen. Genug ist's, wenn sie die Mittel lieben, und üben, die sie mit der Zeit schon dazu führen werden. III. 105.

Sie können ohne Enthusiasmus weder lieben, noch hassen. II. 165.

K.

Kaufleute.

Die Gleichgültigkeit der glücklichen Kaufleute für weitern Gewinn, ist eine große Wohlthat für die Welt. II. 137.

Ketzer.

Es kann mancher Ketzer in den Himmel kommen, sowie dagegen mancher Orthodoxe zum Teufel fahren. I. 437.

Kinder-Erziehung.

Der Beruf zur Kinder-Erziehung ist ein Beruf, an welchem nach dem Ausspruche des Evangeliums ein Mühlstein hängt. I. 5. Ein Beruf der mit Demuth, Geduld, und Selbstverläugnung getrieben werden muß: darinnen Sprünge und Uebertreibungen nichts fördern, sondern nur schaden; I. 321. dabei der Erzieher von dem Kinde selbst lernen muß, wie er es erziehen und behandeln soll; denn es lassen sich nicht alle Individuen nach einer Methode erziehen. I. 322.

Leider wird jedoch die Aufgabe der Erziehung, die den Menschen zum Menschen machen, bilden, und verklären soll, von so vielen Pseudopolitikern als ein bloßes Schneiderräthsel behandelt; das ihrer Meinung nach durch bloßes Zustutzen und Dressiren aufgelöst werden möchte. VI. 12. S. Dressiren. Item: Erziehung und Bilden.

Kirche und Staat.

Kirche und Staat sind beides göttliche

Anstalten; darum läßt sich auch der Mangel des Geistes an beiden durch keine Menschen=Satzungen ersetzen. IV. 332. Ohne Geist aber sind Kirche und Staat ein Körper ohne Leben, und folglich ein eitles Possenspiel. VII. 40.

Kleinmeister.

Die Weisheit der Kleinmeister (Petit-maitres) rollirt wie Scheidemünz in den Zechstuben, und ihr Witz klingt in den Kneipen wie ein Hackbrett. II. 168.

Können.

Man kann immer was man will; vorausgesetzt, daß man immer nur wolle, was man kann. *IV. 3. 205. und V. 252. Oft würde man indessen nicht versuchen, was man wirklich kann, wenn man sich nicht in den Kopf gesetzt hätte, mehr zu vermögen, als man wirklich kann. S. oben Hoffnung.

Künstler.

Die angeblich ästhetischen Künstler sind oft weiter nichts als Nützlichkeits=Philister. VI. 253. S. Musendienst.

Kunstrichter (Critiker).

Die Kunstrichter und Critiker in recensirenden Journalen halten den Mondkälbern und Fehlgeburten der Gelehrten und Schriftsteller die Leichenreden. II. 189.

Sie können ohne ihre eigene Schande keinem Autor irgend ein Vergehen zu gut halten, und ungerügt hingehen lassen. II. 190.

Die meisten Critiker können trefflich schreiben, doch nur wenige verstehen auch recht zu lesen. II. 588.

Küster.

Wer weder zum Todtengräber, noch zum Pfarrer taugt, weder Hand- noch Kopf-Arbeit versteht, taugt wenigstens noch immer zum Küster. I. 453.

L.

Lachen.

Durch Lachen seinen Zweck erreichen ist immer besser und erfreulicher, als durch Zorn oder Aergerniß. IV. 3. 201.

Leben.

Das menschliche Leben scheint in einer Reihe sinnbildlicher Handlungen zu bestehen, durch welche unsere Seele ihre unsichtbare Natur zu offenbaren strebt. II. 156.

Seine Kraft nützt sich selbst im Verlaufe ab; und seine Fahrt geht nothwendig durch Klippen. I. 278. Auch wäre es wahrscheinlich kein Glück, es gar zu bequem zu haben, und nirgends eine Schwierigkeit zu finden. I. 276.

Ein vernünftiger Mensch muß das zeitliche Leben zu gebrauchen, und zugleich zu verachten wissen. V. 203.

Lehrer

handelt immer am sichersten, wenn er seine Schüler nicht allzuweise macht. Denn allzuweise ist dumm und unklug. II. 208.

Leiden.

Das beste Wirken ist Leiden; und ein Geduldiger ist besser als ein Starker. V. 219.

Leidenschaften.

Die Leidenschaften sind zwar Glieder der Unehre, aber doch Waffen der Mannheit: sie beleben die Sprache, und helfen uns die schnellsten Schlüsse machen. II. 286. 287.

Lernen.

Lernen ist weder Erfinden eines noch gänzlich ungewußten, noch Wiedererinnern eines zeitlich ehevor schon erfahrenen, sondern eine Erhebung und Entwickelung eines angebornen, bisher noch unentwickelten Wissens zum eignen begreifenden Selbstbewußtseyn. IV. 47. 48. 83.

Nur derjenige, der eben so gerne als leicht und willig lernt, was er lernen kann und soll, ist ein rechter Mensch. IV. 47.

Leser.

Ein sinniger Leser, sieht nicht nur dasjenige ein, was man ausdrücklich geschrieben hat, sondern auch was man ihm stillschweigend zu verstehen gab. II. 145. Ein rechter Leser muß nämlich seinen Autor nicht blos verstehen, sondern auch übersehen können. *IV. 3. S. 66.

Ein Leser der die Wahrheit haßt, kann oft aus einem guten Buche seine Waffen schärfen; während ein andrer, der die Wahrheit liebt, aber noch nicht gefunden hat, darüber sich betrübt; — und ein dritter, der die Wahrheit liebt und einsieht, allein dasselbe Buch recht goutirt, nützt, und versteht. II. 227.

Es ist daher nicht so gar einfältig gedacht, als es scheinen möchte: **lieber für wenige Leser als für viele schreiben zu wollen:** weil doch das einzige Mittel ist, die Vielen mit der Zeit zu gewinnen, daß man gleich anfangs die Wenigen, (das ist die Guten und Verständigen,) auf seiner Seite habe. III. 84.

Libertiner.

Ein Libertiner, eigentlich Wüstling, der seinen Geist so sehr geschwächt hat, daß er Gott, und die ewige Bestimmung mißkennet, kann nur zum Spott und per Antiphrasin ein starker Geist genannt werden. I. 168. Vergl. **Bethschwester. Freygeist.**

Lob.

Selbst das gerechteste Lob hat seine schwache Seite; so wie der Tadel, selbst der ungerechteste, doch immer seinen guten Grund hat. V. 82.

Lob und Tadel ist übrigens nicht immer ein Vortheil, sondern oft nur eine Beweisführung ad hominem. VII. 287. S. Tadel.

Lucifer.

Der Lucifer des XVIII. Jahrhunderts war in jeder Bedeutung Voltaire. III. 422.

Lügen.

Lügen sind fein gedrechselt und geschliffen für das Auge; dagegen uns Wahrheiten oft grob und ungeschliffen vorkommen. I. 138.

Was dem Auge eine Lüge zu seyn scheint, bewährt sich oft dem höhern Verstande bei fortgesetztem Nachdenken als Entdeckung einer höhern als blos sinnlichen Erkenntniß. I. 376.

Lügen sind der ärgste Mißbrauch der Sprache: denn sie machen das einzige Communications=Mittel der Gedanken un=

ſicher. S. **Sprachmißbrauch.** Item: Wahrheit.

M.
Magie.

Die natürliche Magie ohne Aberglauben iſt die Kunſt, die Natur = Hieroglyphen zu verſtehen, und durch ſie Wunderbares und Außerordentliches zu wirken. II. 293.

Magnetismus.

Der thieriſche Magnetism, und die Speciosa dehino miracula einer täuſchenden Fee, oder Fata-Morgana haben den Genium sæculi dergeſtalt desorganiſirt, daß er ſeiner Sinne und ihrer Erkenntniß nicht mehr mächtig iſt. VII. 108. (Geſchrieben 1787.)

Mathematiſche Methode.

Der Pedantism des ſogenannten mathe=matiſchen Lehr=Vortrages, der durch Wolf Mode ward, würde nach und nach die ganze Sprache in einen Roſenkranz abgezählter Kunſtwörter verwandelt haben. II. 126.

Mathematik.

Von der ächten Mathematik ist die bloße empirische Festigkeit und Einübung in die algebraische Buchstaben-Praktik himmelweit verschieden. II. 174.

Mathematiker.

Den Mathematikern, die keine Philosophen sind, geht es zuletzt immer mehr wie den Samaritanern: sie bethen an, was sie selbst nicht wissen. VI. 366.

Meinungen.

In den Meinungen steht Uhr gegen Uhr; die Sonne aber allein geht recht, wenigstens ist es doch ihr Mittags-Schatten allein, der die Zeit über allen Streit eintheilet. I. 511.

Meinungen werden jetzt der Wahrheit gleich geschätzt, jetzt wieder der Wahrheit entgegen gesetzt. II. 120. Sind jedoch, wenn es noch recht gut geht, doch nur Fuhrwege zur Wahrheit, nicht die Wahrheit selbst. III. 82.

Meinung, die gute logische.

Die gute logische Meinung Vieler recht dauerhaft für sich zu gewinnen, muß man sich vorläufig bei den die Menge beherrschenden Stimmführern in Credit zu setzen wissen. III. 84.

Meinung, die gute praktische.
S. Absicht und Beweggrund.

Mensch.

Was der Mensch seyn soll läßt sich nur bestimmen, wenn man erst erkannt hat, was der Mensch ist. III. 370.

Nun ist der Mensch zuvörderst der sichtbare Statthalter Gottes auf Erden, die er nach seines Oberherrn Willen beherrschen soll. Jede folgenreiche Einwirkung des Menschen auf irgend ein Geschöpf ist dieser ihm ursprünglichen, jetzt nur verdunkelten Herrschermacht Brief und Siegel. II. 283.

Der Mensch soll also mehr seyn als eine bloße Pflanze, die nur vegetirt, und mehr als ein thierisch-automatisches Mobile perpetuum, das immer nur ein Werkzeug bleibt für endliche Zwecke. V. 241.

Der Mensch soll überhaupt nicht dieses oder jenes in der Trennung, sondern er soll eben Alles in Allem seyn, und jeder Vollkommenheit nachstreben. VI. 19.

Nicht als ein bloßer Scharwerker und Lohnknecht, sondern als ein Lehenträger und Schaffner Gottes soll er auf Erden handeln. III. 17.

Da übrigens ein jeder bei angestellter Selbstprüfung eben so viel ursprüngliche Würde und Größe, als selbst verschuldetes Elend, eben so großen Reichthum und Völle, als Armuth und Leere entdeckt: so soll demnach jeder erkennen, daß er an sich, aus sich und durch sich selbst allein nichts ist; aber vereint mit Gott und dessen Beistand und Gnade jede Vollkommenheit erreichen möge, zur Ehre dessen, der ihn schuf. I. 357. 358. 363.

So lange der Mensch auf Erden lebet, hat er sich also zu betrachten, als seyend noch in der Mache; nicht aber als bereits erreicht habend mensurum plenitudinis et perfectionis. *I. 387.

Menschen-Charaktere und ihre Verschiedenheit.

Die Menschen unter einander sind eben so sehr an innerm Sinne, als an äußerer Gestalt unterschieden, und ein jeder hat, gleich einem Messer, seinen Rücken und seine Schneide. I. 274. 275.

Nur wenige Menschen sind consequent; und nach Grundsätzen handelnd, wie im Guten, so auch im Bösen. Viele sind gutmüthig, aber leicht verführbar; die meisten eigennützig, oder lust- und ehrsüchtig; alle ohne Ausnahme Lügner dem Hange nach. III. 276. Moses führte nämlich sechsmal vor der Sündfluth die Menschen redend ein; und fünfmal logen sie. II. 246.

Allein wer einmal einen Menschen vom Grund aus kennt, versteht auch leicht den Sinn seiner Reden, selbst da, wo der Redende lügt oder heuchelt. I. 40. S. Lügen.

Menschenlenkung.

Gott hat Zweifelsohne mit jedem Menschen seinen eigenen Plan, und was einem jeden begegnet, sind medii termini, zu einem von Gott bezielten Schluß: I. 352. Vergl. oben Himmels= u. Sternen=Einfluß.

Ueberhaupt geht Menschliches in Göttliches, und Göttliches in Menschliches über. Menschliche Freyheit faßt nach eigenem Belieben ihre Vorsätze, die göttliche Vorsicht lenkt Alles zu ihren ewigen Zwecken. III. 95.

Menschen=Satzungen.

Menschen=Satzungen können weder in der Kirche, noch im Staate den Geist ersetzen, wenn dieser einschlummert, oder gar erstorben ist. IV. 332. S. Kirche u. Staat.

Methoden.

Die Methoden sind leider oft Irrgänge des Wandels nach väterlicher Weise, nach altem Brauch und Herkommen, oder nach der Anleitung dieses oder jenes thörichten Schulweisen: wobei niemand bedenkt, daß es für jeden Menschen eine eigene Methode geben müsse, und eine allgemeine, für alle Individuen gleich passende ein wahres Unding ist. IV. 128.

Mineralien.

Die Mineralien als Arzneimittel wirken kräftiger auf die Menschen ein, als die Pflanzen. Wozu man von diesen Pfunde brauchen und anwenden müßte, reicht von jenen oft ein Quentchen zu. I. 354.

Mittelbegriffe, syllogistische.

Die Mittelbegriffe, ad termini medii der Syllogismen sind geomantische Spiegel für philosophische Schatzgräber. II. S. 110.

Monarch.

Das eigentliche und höchste Regal des Monarchen ist die Menschheit, als das höchste Produkt seiner Staaten; nicht aber um sie nach willkührlichen Zwecken zu mißbrauchen, sondern vielmehr nach Vernunft-Gesetzen zu leiten. VI. 208. Vergl. Fürst u. Herrschen.

Mönchskünste.

Zwei schwarze Mönchskünste, das Schießpulver, und die Buchdruckerei haben im XV. Jahrhunderte die europäische Welt umgestaltet. IV. 269.

Moral.

Der Eifer für die Ausbreitung der Moral ohne Religion, besonders durch Prediger von der Kirchenkanzel ist eben so sinnlos als abscheulich. III. 331. S. Encyclopädisten, französische.

Musendienst.

Der angebliche Musendienst, angeblicher ästhetischer Künstler ist vielmal weiter nichts als ein eitler Mammons-Dienst. II. 164. S. Künstler.

Mythen und Volkssagen.

Die Mythen oder Volkssagen aller Zungen und Stämme über den Uranfang des Menschengeschlechts und das ursprüngliche Zusammenleben göttlicher und menschlicher Naturen sind weiter nichts als halbunkenntlich gewordene Bruchstück einer einzigen selbstständigen und lebendig fortgepflanzten Erblehre. IV. 192. S. Urzustand.

Mystiker.

Mystiker können nur von Mystikern, die zugleich Philosophen sind, gewürdiget werden; und zwar nicht nach dem Maaßstabe der Nützlichkeit, sondern der Begeisterung. III. 116. S. Begeisterte, Enthusiasten.

N.

Nachahmer.

S. Autorität, Selbstständigkeit, Vernunft-Renegat.

Nachsicht.

S. Venia.

Nachwelt.

Die Nachwelt tadelt nur hinterrücks, wie die Verläumder pflegen, aber viel gerechter. II. 180.

Im Vertrauen auf ihre Gerechtigkeit trö=

stet sich ein disgacirter Autor leicht über das doppelte Unglück von seinen Zeitgenossen nicht beachtet, oder doch nicht verstanden zu werden. II. 114.

Nation.

Die der Franzosen ist flatterhaft, die der Britten standhaft, die der Spanier ernsthaft, die der Welschen listig, die der Deutschen schnellkräftig. II. 183.

Natur.

Natur, die gesammte, ist die Gleichung einer unbekannten Größe; oder ein hebräisches Wort, welches mit bloßen Consonanten geschrieben ist, wozu der menschliche Verstand die Vocal=Punkte nur divinirend setzen kann. I. 509.

Sie ist die Offenbarung nicht ihrer selbst, und ihrer Eitelkeit, sondern eines Höhern, und seiner Herrlichkeit. IV. 3. 353.

In ihren Productionen gleicht sie einer Penelope, die stets wieder auflöset, was sie selbst gewebet hat. II. 251. 293.

Von den Erfahrungen, haben wir auch nichts, als disjecti membra Poeta, die wir durch Wissenschaft erst wieder in eine schickliche Ordnung zu bringen, dann zu erklären, und endlich nachzuahmen haben. II. 261. 262.

In der Natur, wenn wir sie mit den Augen Gottes übersehen, ist alles Weisheit; wenn wir sie mit unsern Augen betrachten, alles Thorheit, Unordnung, und Labyrinth. I. 80. S. Optimismus.

Die rechte Weltweisheit wird nie die Natur ihrem Schöpfer antagonistisch entgegen setzen, und daher auch nimmermehr von natürlichen und übernatürlichen Werken, als entgegengesetzten reden. Denn alles Wirkliche ist zugleich natürlich und übernatürlich. I. 68. Vergl. Göttliches und Menschliches. Item: Wirkliches.

Natur, die schöne.

Die bildende Natur verfährt bei Hervorbringung des Schönen, nicht immer öconomisch, sondern sehr oft recht verschwenderisch. III. 56.

Naturalisten

suchen manchmal die Natur zu verkünsteln, anstatt daß sie suchen sollten, die Künste natürlicher zu machen. IV. 209.

Natur-Erscheinungen.

Die Natur-Erscheinungen sind gewissermaßen Traumgesichte und Räthsel, die einen geheimen Sinn und Bedeutung haben, welche wir prophetisch deuten und auslegen sollen. I. 148.

Natur-Gesetze.

Die Gesetze der Natur binden nicht die Gesetzgeber der Natur selbst, sondern er kann immer nach seinem Belieben ihre Vollziehung verhindern. S. Wunderwerke.

Neid.

Der Neid (invidia) und die Bosheit (malitia) unserer Widersacher geben uns den Genuß unserer Tugend, und nützen uns also, indem sie uns Wehe thun. I. 277.

Neugier.

Es ist Sünde und Schande, daß die Menschen neugieriger sind zu erfahren, was dieser oder jener Narr schrieb, als was Gott für unser Bestes that, und noch thut. I. 457.

Nichts und Etwas.

S. Etwas.

Niederreißen.

Niederreißen, und nicht wieder aufbauen, heißt wie die Wandalen, Hunnen und Türken, kurz wie die Barbaren verfahren. I. 356.

Nikolaiten.

Die Aufgeklärten, im Sinne der weiland allgemeinen deutschen Bibliothek von Friedr. Nikolai und Consorten in Berlin, glauben an nichts Unbegreifliches: — denn sie sind beinahe viehischer Natur; folglich ohne alle Ahndung für's Uebersinnliche und Ewige. VI. 208. S. Encyclopädisten, Gottlose, Libertiner, Lucifers, Ungläubige und Widerchristen.

Noth.

Die Noth hat freilich kein Geboth; ist aber auch keine Tugend, wiewohl sich eine daraus machen läßt. I. 148.

Nutzen.

Giebt es denn gar kein höheres Ziel für den Menschen alß zeitlichen und häuslichen Nutzen? Soll denn auch sogar die Religion und das Allerheiligste blos der Erde fröhnen, und des Nutzens wegen, propter instantem necessitatem vel utilitatem geübt werden? IV. 130.

O.

Offenbarung.

Wen ein fremder Geist, der ihn meistert, und den er nicht zu meistern vermag, zu reden oder zu schreiben antreibt, was er selbst nicht weiß oder versteht; der redet und schreibt aus Offenbarung. 1. 493. S. Begeisterte, Enthusiasten.

Offenbarung und Erfahrung.
S. Erfahrung.

Offenbarungen Gottes.

Ihrer sind zwei, die mit einander harmoniren; die durch Natur nämlich, und die durch die heilige Schrift, jene gehört für die Gelehrten, diese hingegen für das Volk, worunter jedoch nicht ausschließlich der Pöbel, sondern jeder der eigentlichen speculativen Wissenschaft Unkundige zu verstehen ist. I. 54. 58. 61.

Optimismus.

Die Schrift behauptet beides: 1) daß Alles gut, und nichts verwerflich seye, was Gott geschaffen hat. Genes. 1, 31. 1. Tim. 4, 4. — 2) Daß nur Eins gut und nothwendig seye. Psalm 27, 4. Matth. 19, 19. Marc. 10, 18. Luc. 10, 42. S. VII. 101. Vergl. auch Gut.

Original.

Jeder Autor soll Original seyn; denn wofür wäre er denn außerdem Autor geworden? — Ein Muster aber seyn zu wollen, ist Eitelkeit. III. 191. S. Autor.

Für Originale giebt und kann es keine Satzungen geben; man müßte denn alles gemein, platt und gleich machen wollen. II. 197.

Ein Original sollte die Nachahmer, servum imitatorum pecus abschrecken, und erfindende Genien zu ähnlichen Original=Produktionen erwecken. III. 56.

Orthodox.

Es mag gar wohl mancher Orthodoxe zum Teufel fahren; während umgekehrt mancher Ketzer den Weg in den Himmel findet. I. 437. S. Ketzer.

Orthodoxie.

Die Rechtgläubigkeit (Orthodoxie) ist nicht Recht haben, sondern nur recht meinen, oder glauben nach dem Sinne der heiligen wahrhaft allgemeinen Kirche. IV. 325.

Orthographie.

Eine Orthographie nach dem bloßen Gehör ist ähnlich der Kantischen Religion nach der bloßen Vernunft, ohne heilige Schrift und geschichtliche Beglaubigung. VI. 123.

P.

Pflicht.

Das Wesen der Pflicht liegt in der Vereinigung von Tugend, Gesinnung und Handlung. S. Gesinnungen.

Phantasien.

S. Erdichtungen.

Philologen

sind eigentlich die Banquiers der gelehrten Welt, und waren auch von jeher und zu allen Zeiten primi omnium qui pessumdare rempublicam litterariam coeperunt. I. 138.

Philosophie.

Um das Weltall zu verstehen, ist uns die Philosophie auf analytische, die Poesie auf synthetische Weise behülflich. II. 217.

Daß aber die Philosophie zu dem angegebenen Zweck uns dienen möge, muß sie zuvörderst mehr als ein bloßer formalistischer Kalender seyn: II. 279. Denn obwohl die Philosophie auch das Elementar-

Buch, und gleichsam eine Art von Grammatik und Algebra; lehrend die Construktion unserer Erkenntniſſe, durch Aequationen und abstrakte Zeichen enthalten muß, die für ſich nichts und per Analogiam alles Mögliche und Wirkliche deuten; (S. *IV. 3. 351.) ſo dürfen jene Zeichen doch nicht in ihrer ſtarren Abſtraktion feſtgehalten werden, wenn nicht zuletzt die ganze Philoſophie in eine allgemeine Unwiſſenheit des Wirklichen, ja zuletzt in völlige Gottesläugnung ausarten ſoll. III. 243. S. Abſtraktionen.

Eben ſo wenig darf die Philoſophie aus einem unbegriffenen Chaos, aus Wolken, und aus Nebel, d. i. aus müſſigen Worten und leeren Ideen; ſondern ſie muß aus wirklichen und realen Vernunft-Anſchauungen, wie das ſichtbare Weltall aus Himmel, Waſſer und Erde beſtehen. III. 331.

So wie es nun nur eine Wahrheit giebt, ſo kann es auch nur eine richtige Philoſophie geben: denn zwiſchen zwei Punkten iſt immer nur eine gerade (aber unendlich viele krumme

Linien) möglich, die jene zwei Punkte auf dem kürzesten Wege vereiniget. * IV. 3. S. 121.

Demnach muß die wahre Philosophie, wie die Bibel, mit der Genesis, d. i. mit der Entstehung aller Dinge anfangen, und ebenso mit der Apokalypsis, d. h. mit der Offenbarung des göttlichen Weltzweckes schließen. * IV. 3. S. 426.

Ohne Philosophie ist keine Geschichte, und so auch umgekehrt, ohne Geschichte keine Philosophie möglich, VI. 223; denn die eine löst sich immer in die andere auf. VI. 302.

Philosophen, die wahren.

Philosophen, d. i. Wissenschaftskundige, die des Namens werth sind, sollten verstehen ein ganzes Weltmeer von Beobachtungen auf einige einfache Grundsätze zurückzuführen. II. 122.

Beweisen vorzüglich ihre Stärke und Herrschaft im Reiche der Begriffe; wie Adam die seinige im Reiche der Thiere bewiesen hat, — durch Namengebung. II. 291.

Ihre Meinungen sind eigentlich erklärende Glossen zum Natur=Coder. II. 274. Wenn sie unbefugt trennen, was Gott und die Natur zusammen gefügt hat, dann schreiben sie eben damit der Wahrheit und der richtigen Erkenntniß einen Scheidebrief für immer. IV. 45.

Sollten ihren höchsten Ruhm darein setzen, Irrthümer, die als Wahrheiten gelten, zu widerlegen; und Lastern, die als Tugenden passiren, die schöne Larve abzuziehen. II. 17.

Dabei ist dann aber freilich ihr hartes Loos, daß fast alle andere Leute sie fürchten, niemand sie schützt, und nur wenige sie verstehen. I. 47.

Philosophen, die angeblichen.

Philosophen, die angeblichen, sind häufig nichts als Parasiten und Hypokriten, IV. 273. die alles aus dem nächsten sinnlichen Grunde begreifen zu können, meinen. Sie verdienen den Namen, womit sie sich schmücken so wenig, als die Zigeuner den Namen der Wahrsager und Propheten. I. 61.

Philosophen, die wollen, daß man ihnen alles aufs Wort glauben soll, sind Philosophen von Sans-Souci: sie haben gut philosophiren.

Philosophen, die alles was sie behaupten, auch nachweisen und verständig machen sollen, sind Philosophen de grands Soucis; denn ihre Aufgabe ist sehr mühsam. IV. 204.

Poesie.

Poesie, Dichtung, ist älter als Prosa: wie die Mahlerei älter ist als die Buchstabenschrift, und die Gärtnerei älter ist als der Feldbau; die Gleichnisse älter sind als die Vernunftschlüsse, und der Tausch älter ist als der Kauf für Geld. I. 162. 163. II. 258.

Sie gleicht einer üppigen Wucherpflanze. II. 260. Taugt unsere Poesie nichts mehr; dann wird auch unsere Geschichte bald magerer werden als Pharaos Kühe, und von Philosophie kann dann vollends keine Rede mehr seyn. II. 279.

Der Poesie, als einer Kunstschöpfung, größtes Verdienst ist, aus einem Chaos Ordnung, aus einem unbeträchtlichen Stoff etwas Vollkommenes hervorzubringen II. 237.

Politik.

Staatskunde (Politik) ist die, den Regenten nothwendige Wissenschaft, den augenblicklichen Wirkungen außerordentlicher Ursachen, die das allgemeine Staatswohl gefährden, auszuweichen, oder denselben wohl gar zuvor zu kommen. IV. 415.

Die rechte Politik gründet sich auf die Ethik, was die Machthaber zu ihrem eigenen Schaden noch immer nicht glauben wollen. I. 304.

Die höchste Aufgabe der Politik ist, das größtmöglichste Wohl Aller, d. i. der Gesammtheit durch die kleinstmöglichste Beschwerde jedes Einzelnen zu bewirken. I. 409.

Diese Aufgabe übernimmt der theoretische Politiker a priori zu lösen, der Geschäftsmann findet die Lösung (freilich oft nur nach lan=

gen und kostspieligen Versuchen) a posteriori.
IV. 409. Vergl. Fürst, Herrschen.

Positives.

Ohne etwas Positives ist keine Menschen=
Vernunft, keine Religion, und kein Staat
möglich. IV. 131.

Publikum.

Das große gemischte Publikum, der
kundbare Niemand, oder auch Jeder=
mann, und Allmann, der Herr Omnis
et Nullus, — gleicht vollkommen einem
Götzen, der Augen hat und nicht sieht,
Ohren hat und nicht hört, alles wissen muß
und doch nichts lernt, alles richtet und doch
nichts versteht, dem täglich Opfer gebracht
werden, und der doch nie satt wird, manch=
mal wohl auch delikat und ekel zu seyn af=
fektirt, aber doch zuletzt mit jeder Gabe
vorlieb nimmt, wenn man nur nicht leer
vor ihm erscheint, und welchem Viele die=
nen, obschon sie von seiner Eitelkeit über=
zeugt sind. II. 5.

Dieses jetzt beschriebene, große gemischte Publikum hat immer für die Autoren, die hübsch im gemeinen Gleise bleiben, dieselbe Vorliebe, die etwa ein Schulmeister für die Kinder hat, die ihre Lektion fertig aufsagen, und am wenigsten Zweifel oder Skrupel vorbringen, die es mühsam seyn möchte, aufzulösen. II. 131.

Einem Autor, den der gemeine Haufen nicht versteht, muß dann hin und wieder ein einziger verständiger und geneigter Leser für ein ganzes Publikum gelten. II. 288. S. Nachwelt.

R.

Recension.

Eine gewöhnliche Recension ist gar oft nichts weniger als eine Beurtheilung, ja manchmal kaum eine treue, genaue, und verständige Berichtgebung von dem, was der Verfasser gesagt hat. VII. 85. Vergl. auch Lob u. Tadel.

Recht.

Das Recht (jus) ist ganz etwas anderes als bloße Macht und Gewalt (potentia und præpotentia et vis): denn jenes ist beschränkt durch das gleiche Recht aller übrigen. — Bei Gott allein ist Recht und Macht ein Ding; denn er allein hat außer sich nicht seines gleichen. VII. 37.

Recht thun und recht machen.

Thue recht und scheue niemand, heißt die ritterliche Devise. Wer hingegen es allen Menschen recht machen will nach eines jeden Sinne, wird nothwendig ein Heuchler, und ein Schelm. I. 372.

Rede= und Schreibfreyheit.

Wo die Freyheit zu reden, nur dem Wahnsinnigen im Käfige zugestanden wird, da möchte man die Freyheit zu schreiben wohl auch zuletzt nur kundigen Phantasten, oder heuchelnden Lobrednern zugestehen. II. 74. Vergl. oben Freyheit.

Reden.

Reden ist ein Uebersetzen aus der Engelsprache der Gedanken, in die Wortsprache der Menschen. II. 262. Das Gesetz der ordentlichen Rede aber fordert, daß jedesmal gesagt werde, was gerade jetzt gesagt werden soll; und nichts anders. II. 147.

Alles Reden hilft nichts, wenn man einander nicht verstehen will noch kann; sondern macht das Uebel des Mißverständnisses nur noch ärger: denn je mehr Worte, je mehr Stoff zu Zank und Streit. *IV. 3. S. 350.

Höchstens dient ein solches Reden zur Erleichterung der Verdauung des Redenden selbst, indem es die Ergießung der Galle befördert. IV. 407.

Ein Glück hierbei ist: daß niemand aus dem Verluste an Worten sich viel macht, oder auch zu machen Ursache hat; denn sie sind ja nur ein vorübergehender Hauch, an dem es uns nie fehlen kann, so lange wir leben: Levis ergo jactura verborum. l. c. S. Worte.

Redner.

Schlüsse der Redner und Dichter, welche das Gefühl eingiebt, sind oft richtiger als die kalten Vernunftschlüsse abstrakter Logiker. I. 282.

Regeln.

Die Regeln einer Wissenschaft oder Kunst sind, wie die Vestalischen Jungfrauen, die nur erziehen, nicht erzeugen, außer durch Adoption. II. 405. 430. S. Ausnahmen u. Genie.

Reim.

Der Reim ist eine Erfindung der Araber. II. 142. Wem derselbe zu schwer fällt, hat deswegen noch kein Recht, darüber zu schimpfen. II. 303.

Religion.

Eine ganz einsame Religion ohne äußern Cultus möchte bei den meisten Menschen, die ursprünglich keine Enthusiasten sind, bald in sich selbst erlöschen. III. 264.

Alle und jede Religion setzt eine selbst=

ständige und lebendige göttliche Wahrheit voraus. IV. 328.

Vergöttlichung des Menschen und Vermenschlichung Gottes ist der Keim und das Ziel aller Religionen. IV. 330. Vergl. Christenthum, Glaube, Menschwerdung Gottes, Offenbarung.

Rhythmus.

S. Accentuation.

S.

Schalksauge.

Ein Schalksauge (oculus nequam) sieht was nicht ist, noch seyn kann, und übersieht was ist und sich mit Händen greifen läßt. VI. 11.

Schaubühne.

Schaubühnen sollte man dreierlei haben: 1) eine für die Kinder; 2) eine für das Volk; 3) eine für gelehrte und gebildete Männer. III. 169.

Schlafen und Wachen.

Wenn die Seele ihrer Ichheit sich bewußt ist, dann wacht sie zeitlich, schläft aber hinsichtlich des Ewigen: wenn sie hingegen Gott schauend sich selbst verliert, dann ist sie für alles Zeitliche entschlafen, und umgekehrt für das Ewige erwacht. l. 417.

Schöpfung, die, der Welt.

Die Schöpfung der sichtbaren Welt, die in der Menschen Augen ein Akt der Verherrlichung erscheint, war und ist von Seiten Gottes ein Werk der höchsten Demuth und Herunterlassung. l. 512. Denn was für einen Beweis der höchsten Demuth gab Gott, daß er in der Körperwelt die Schätze seiner Herrlichkeit in so unscheinbare Gestalten, und in der heil. Schrift die Tiefen seiner Geheimnisse in Worte der menschlichen Sprache einhüllen wollte. l. 450.

Den allein weisen Gott blos allein im Reflexe der Natur bewundern, ist fast eine ähnliche Beleidigung, als wenn man einem vernünftigen Manne den Schimpf anthut, deſſen Werth nach ſeinem Rocke ſchätzen zu wollen. II. 207.

Schreiben.

Die Forderung iſt nicht ſonderbar noch ungegründet, daß die Begriffe dem Leſer durch das Schreiben noch deutlicher gemacht werden ſollen, als dem Hörer durch Worte: Denn das Wort gehört doch nur für das Ohr; die Schrift aber ſpricht zugleich für das Aug' und das Gedächtniß. VI. 33. 35.

Der heil. Auguſtin wünſchte ſich, ſo ſchreiben zu können, daß die geſchriebenen Worte ein Jeder nach ſeinem Sinne fände; und daß doch alle dieſe Sinne gleich richtig wären. I. 183.

Schrift, die heilige.

Die heilige Schrift verräth ihren göttlichen Urheber in jeder Zeile durch die Unermeßlichkeit und Tiefe ihrer Erhöhung ſowohl als Erniedrigung. II. 276.

Ihr Salz und Gewürz iſt mit Unrecht,

aus den Gesellschaften vom ersten Tone verbannt. II. 240. S. Kleinmeister und Sophisten.

Schriftsteller, ein patriotischer.

Ein patriotischer Schriftsteller wünscht nur Wahrheit zu verkündigen zum Nutzen und Frommen seines Vaterlandes; wird aber insgemein von den meisten gefürchtet, von den wenigsten verstanden, und von noch wenigern geschätzt: kein Wunder also, daß solch ein Schriftsteller insgemein einem Prediger in der Wüste gleicht. I. 47.

Ein eitler und lobsüchtiger Schriftsteller, der zu sehr eilt, heut oder morgen gelobt zu werden, läuft Gefahr, übermorgen vergessen zu seyn. *IV. 3. S. 402.

Wer nicht mit Gelassenheit vorspielen kann, soll gar nicht spielen; und wer nicht ungleiche Urtheile vertragen kann, soll gar nicht als Schriftsteller auftreten. *IV. 3. S. 168. Vergl. Autor, Gelehrsamkeit, Nachwelt.

Schwärmerei.

S. Abgötterei und Enthusiasmus. — Die Franzosen fürchten sich vor Schwärmerei, und haben doch eine Menge Sektirer und Fanatiker. II. 179. — Auch Philosophen schwärmen oft, ohne es selbst zu wissen: so ward z. B. Kant sichtbar betroffen, als ihm einst sein Freund Hamann Schwärmerei vorwarf, weil er häufig mit Lavater über den Glauben dieselbe Sprache führe. VI. 226.

Selbsterkenntniß.

Es ist so betrübt, daß ein Heraklit darüber weinen, und so lustig, daß ein Demokrit unaufhörlich darüber lachen möchte, „sich selbst nicht kennen," und in der That und Wirklichkeit gerade das Gegentheil von dem zu seyn, was man seyn will, und zu seyn meint, und ausgiebt. VII. 65.

Nur die Höllenfahrt in die Tiefe der Selbsterkenntniß kann uns den Weg zur

Himmelfahrt, und zur Apotheosis bahnen: nemo enim ascendit in coelum, nisi qui prius descendit in partes inferiores terrae. II. 198.

Selbstgefühl und Selbstbewußtseyn.

Wider das Selbstgefühl und Selbstbewußtseyn vermögen weder die Einbildungskraft, noch die Ueberzeugung des Verstandes, noch die Gründe der Autorität das Geringste. II. 33. — S. Glaube.

Selbstständigkeit.

Wer eines andern Menschen Vernunft mehr glaubt als seiner eigenen, hört auf ein selbstständiger Mensch zu seyn, und wird ein dienstbares nachahmendes Thier: servum imitatorum pecus. II. 434.

Seyn und Verstand.

Ein unendliches Seyn läßt auf einen unendlichen Verstand nothwendig schließen; denn wenn alles das was ist, und nicht von ungefähr ist, seinen verständigen Grund haben muß, gleichwohl aber so Vieles ist, dessen Grund kein Mensch weiß, noch wissen

8

kann, und welches also niemand versteht: muß dann nicht nothwendig ein Gott als unendlich verständiger Weltschöpfer dieses alles erdacht, gewollt und gemacht haben? IV. 44. Anm.

Seyn und vorstellen.

Etwas zu seyn, und etwas blos vorzustellen, ist freilich nicht einerlei, sondern gar sehr verschieden; dem ungeachtet fällt der Unterschied von beiden nicht immer sogleich

künste der Verstellung. IV. 296.

Sitte.

S. Brauch.

Sittenlehre.

Eine Sittenlehre ohne Religion, so wie eine Religion ohne Sittenlehre ist um nichts besser als ein Backofen aus Eis. V. 159. S. Moral.

Aristoteles, ein Heide, nannte zuerst die

dem Volksgebrauche; sollte sie ein Christ nicht

lieber Charik, als gegründet auf Gnade (Χαρις) der Erkenntniß und Liebe Gottes nennen? — und was ist vollends von Predigern zu halten, welche dem christlichen Volke statt Religion bloße Sittenlehre von der Kirchenkanzel herab predigen? III. 113. 114.

Sittsamkeit, falsche.
S. Blödigkeit.

Skeptiker.

Ein ächter und besonnener ist viel zu behutsam, eine Einwirkung zweier Wesen auf einander wegen bloßer äußerer Beziehung des Fern- oder Naheseyns gegen einander zuzugeben, oder zu widersprechen. II. 121.

Sophisten.

Die Sophisten, welche den alten Moses einen Eselskopf schelten, und die Weisheit der jüdischen Propheten dem Taubenmiste gleich schätzen, sind dumme Teufel, ohne es einmal selbst zu merken. II. 301.

Wie es übrigens die Kunst der Poeten ist, die Lüge wahrscheinlich zu machen, so ist es die Kunst der Sophisten, der Wahrheit ihre Glaubwürdigkeit scheinbar zu entziehen. 1. 280.

Sorgen.

Es giebt Sorgen, eitle nämlich und unnütze, die durch Gelächter am besten gehoben werden, wie gewisse Zweifel durch ein abweisendes, und darüber sich kurz und gut hinwegsetzendes Bah! *IV. 3. S. 34.

Sprache im Allgemeinen.

Die Sprache des Menschen im Allgemeinen ist ihrem Ursprunge nach göttlich und menschlich zugleich. Göttlich, weil die Werkzeuge der Sprache, die innern sowohl als die äußern von Gott sind; aber auch menschlich, weil der Mensch natürlicherweise weder wirken noch leiden kann, außer allein Menschliches. IV. 23. 24.

Die Sprache ist beim Menschengeschlechte keine geerbte und künstliche Sitte, so wenig als der aufrechte Gang, das Essen und Trinken, oder der ursprüngliche Familien- un-

Staaten-Bund: doch mußte dieses alles dem Ersten unmittelbar durch göttlichen Unterricht beigebracht werden. Denn Gott ist und war ja ursprünglich nicht blos über und um ihn, sondern auch in ihm. – I. c. 26. 33.

Die Sprache hat eine nothwendige Beziehung zu dem Erkenntniß-Vermögen; und alle Sprachen des Menschen, so verschieden sie auch seyn mögen, müssen daher gewisse Grundzüge mit einander gemein haben. II. 121.

Ohne Sprache keine Vernunft und keine Religion; aber auch keine Vernunft noch Religion ohne Sprache. VI. 22.

Die Sprache überhaupt ist demnach eine versinnlichte Logik und Mathematik. VI. 325.

Sprachen, besondere.

In der Sprache eines jeden Volkes finden wir immer die Geschichte und Entwickelung seines eigenthümlichen Geistes ausgedrückt. I. 449.

Jede entspricht der Denkart des Volkes,

dem sie angehört, und aus dieser seiner
Denkart erklären sich dann auch der respective
Reichthum, oder die respective Armuth sei=
nes Wörtervorraths, seine Idiotismen, und
die Sonderbarkeiten seiner Grammatik, welche
oft auch durch Vorurtheile und Moden be=
stimmt werden. II. 123. 125.

Sprach=Dialekte.

Die Verschiedenheit der Dialekte einer
und derselben Sprache hängt größtentheils
von der noch nicht genug bemerkten Modi=
fication der Sprachwerkzeuge, und diese Mo=
dification hin und wieder von Richtung der
Aufmerksamkeit der Sprechenden ab. II. 125.
Vergl. Dialekte.

Sprachfehler.

Fehler und Unvollkommenheiten, die man
was immer für einer Sprache Schuld giebt,
müssen zuletzt doch immer auch auf die Rech=
nung des Autors oder Componisten gesetzt
werden, der, wenn es ihm an Einsicht und
Tüchtigkeit nicht gefehlt hätte, wohl ein

Mittel gefunden haben würde, jenen Fehlern und Unvollkommenheiten entweder abzuhelfen, oder auszuweichen. III. 148.

Sprachmißbrauch.

Der ärgste und unwürdigste ist zweifelsohne die Lüge. VII. 37. S. Lüge.

Sprachreinheit.

Die zu große und pedantisch-ängstliche Sorgfalt für Erhaltung der Sprachreinheit, thut dagegen nur allzu leicht dem Nachdruck der Rede Abbruch. II. 151.

Sprachschatz.

Den Sprachschatz für den Gebrauch der Wissenschaft zu verwalten und zu vermehren ist schwierig; für den täglichen Verkehr aber in Bewegung zu setzen ist leicht. II. 151. 152. S. Classiker.

Ueber die Analogie von Sprachschatz und Geldschatz s. oben Geld.

Sprachverwirrung.

Die Sprachverwirrung gehört nicht selten

zu den Staatsstreichen, wie die Abänderung der Münze. II. 130.

Sprachweisen.

Sprachweisen, Phrasen und Redensarten, die völlig dieselben und ganz einerlei sind, führen oft gerade zwei Männer bei sehr verschiedenen Meinungen an. I. 32. II. 120.

Obwohl aber nun beide dasselbe sagen, und mit denselben Worten; ist es doch dem Sinne nach nicht dasselbe, sondern wohl gar das entgegengesetzte: duo cum dicunt idem, tamen non est idem, imo aliquando omnino contrarium. l. c.

Staat.

Ein Staat dessen Gesetzen nur äußerlich gehorcht wird, ohne daß ihnen jemand von Herzen huldiget, weil er sie für vernünftig hält, ist ein todter Mechanism, der beim ersten feindlichen Anfall von innen oder außen zu Grunde gehen muß. VII. 40. Vergl. Kirche. Item: Gesinnung und Handlung.

Stände, niedere.

Die niedern Stände müssen bei weitem das meiste thun und leisten; und sind daher im Grunde die mehr vermögenden, und wenn man's recht besieht, wohl auch die bessern; denn besser ist geben als nehmen; und verdienstlicher und schwerer thun, als befehlen und lehren. VII. 60.

Streiten.

Streiten läßt sich am besten, reichsten und wohlfeilsten über unbestimmte Sätze. II. 120.

Gelehrte, die sich unter einander zanken wollen, brauchen sich also einander gar nicht erst gegenseitig zu verständigen. S. Gelehrte.

Aber füglich können sie dann auch nimmermehr mit einander überein kommen, so lange beide die eine Sache aus zwei entgegengesetzten Gesichtspunkten auffassen. I. 441.

Stumme und Taube.

Der Umgang mit Stummen und Tauben, oder gar mit Taubstummen giebt viel

Licht über die Natur der ältesten Sprache. II. 125.

Styl.

Jeder Mensch hat seinen eigenen Styl; denn der Styl ist allemal der Ausdruck seiner geistigen Individualität. IV. 463.

Der Styl zeigt allemal von der Urtheils- und Verdauungskraft der Seele. V. 237.

Ein krankhafter Styl verräth daher immer eine unnatürliche gespannte Denk- oder Empfindungsweise. V. 121.

Sünde.

Der Unterschied zwischen Tod- und läßlichen Sünden ist sehr mißlich, da vor Gott alles gleich groß und wichtig ist. III. 147.

T.

Tadel.

Wer keinen Tadel vertragen kann, soll gar nicht als Schriftsteller auftreten. Das Tadeln und getadelt werden gehört zum Autorspiel: Hanc veniam damus, petimusque vicissim; besonders, darf einem Autor der Tadel eines wohlwollenden Freundes nicht wehe thun. Meliora sunt vulnera diligentis, quam fraudulenta oscula odientis Prov. XXVII. 6. Die bittere Aloe macht rothe Wangen, und ein Tadel nützet und fördert das Werk, daß noch in der Mache ist, oder wenigstens das künftige. VII. 299. 300.

Teufel.

Auch der Teufel ist, (wiewohl wider seinen Willen, weil er bös', so wie wider sein Wissen, weil er dumm ist,) Gottes Diener und Werkzeug: obgleich Böses thuend zu seiner eigenen gerechten Verdammniß. VI. 121.

That.

Dieselbe That kann ein Bubenstück, eine Don Quixoterie, oder eine Heldenthat seyn; je nachdem der Beweggrund des Handelnden beschaffen war. *IV. 3. 168. S. Absicht und Beweggrund.

Theismus.

Der platte, ausgeleerte Theismus wird

nimmermehr Wunder oder Begeisterung wirken, wie das Christenthum, ja nicht einmal wie der Mahomedismus. — Er ist kein mächtiges Gährungsmittel, sondern nur ein dummes Salz; denn ihm mangelt das Positive einer übernatürlichen Offenbarung, und eine heilige Schrift, IV. 252.

Theologie.

Die christlich-dogmatische Theologie ist und kann ihrer Natur nach nichts anderes seyn, als eine wissenschaftlich geordnete Sprachlehre zur Verständigung der heiligen Schrift, d. i. des geschichtlich geoffenbarten Wort Gottes. II. 135.

Theologen.

Die Theologen sollen daher von Rechtswegen nichts anderes seyn wollen, als Glossatoren, Hermeneuten und Interpretes der heiligen Schrift. II. 274.

Allein die Theologen, welche keine Philosophen sind, haben nur, (wie weiland die Juden) das Wort und die Zeichen, aber ohne den Verstand: so wie umgekehrt, die Philosophen, welche keine Christen sind, (wie weiland die Griechen,) sich mit dem Verstande und der Weisheit brüsten, aber des geoffenbarten Wortes, und der geheiligten und heilbringenden Zeichen entbehren. VII. 16.

Plus-Macher der Dogmen und Wunder, oder Ausklärer derselben sind beides After-Theologen. VI. 273.

Thiersprache.

Die Thiersprache ist vielleicht so eingeschränkt nicht, als sie uns erscheint: und kann durch Leidenschaften hinlänglich modificirt werden. II. 125.

Thorheit.

Thorheit, ein wenig davon (modicum quid insipientiae) ist zu allen menschlichen Anschlägen ein nothwendiger Dünger. I. 288.

Man würde gar nichts wagen, wenn man sich thörichterweise nicht mehr zutraute, als man wirklich vermag. S. Hoffnung.

Tod.

Der Tod ist ein großer Lehrer; wenn er das Sonnen- und Mondlicht uns auslischt, wird ein neues Licht uns aufgehen. III. 71.

Den Tod hat der Mensch eben so wenig vorher sich zu wünschen, als sich ängstlich davor zu fürchten: denn da ist eben so wenig Grund, die Erde, die unser Aller Mutter ist, zu verachten, als sich in sie zu verlieben. VII. 413. S. Gottesfurcht, Leben.

Toleranz.

Toleranz, die sogenannte religiöse, d. i. die Duldung verschiedener Kulte, die modische Heldentugend, ist oft nur Frucht der Gleichgültigkeit, und wohl gar der Irreligion, und kömmt denjenigen sehr zu statten, die Unrecht haben. IV. 104.

Toleranz, die sogenannte politische, von offenbaren gemeinschaftlichen Mißbräuchen, und Amtsgebrechen entspringt häufig aus dem bösen Bewußtsein eigner Schuld von Seite der Duldenden, IV. 109. und artet nur gar zu oft, in das schreckliche Verbrechen der beleidigten Majestät aus. l. c.

Tugend, und Tugenden.

Die rein=vernünftige Tugend wird durch ihr ewiges Anrühmen und Lobpreisen noch gerade lächerlich, zweideutig und verächtlich werden. IV. 113.

Ohne einen ursprünglich von Gott dem Menschen angeschaffnen Tugendsinn, ist keine Tugend durch äußre Einpfropfung möglich. l. 10.

Tugendhaftigkeit.

Die Tugendhaftigkeit (virtus in habitu) ist die Stärke des Charakters in schweren Umständen sittlich gut zu handeln; die angeborne Lust am sittlich=guten ist nicht Tugend selbst, sondern nur der Keim zur Tugend. III. 254.

So ist auch die Beobachtung des äußern sittlichen Anstandes noch ganz und gar kein Beweis für die wirkliche Tugendliebe eines Menschen. l. c.

Tumult.

Das tumultuarische Verfahren schadet durch seine Unbeständigkeit und Ungeduld: Kaltblütigkeit und besonnene Maaßregeln würden sicherer und näher zum Ziel führen. l. 495.

U.

Umkehrungen der Wortsetzung.

Umkehrungen, (Inversionen) wo sie die Grammatik einer Sprache zuläßt, sind für die Energie des Styls sehr vortheilhaft. Die französische Sprache läßt sie freilich nicht zu; ist aber deswegen gleichwohl zur Epik und Musik nicht absolut ungeschickt, wenn ein Autor oder Componist sie zu meistern weiß. ll. 148. S. Sprachfehler.

Umkehrungen, oder Umstellungen des Sinnes.

S. Ironie.

Ungereimtheit.

Einem Philosophen darf nichts so gar sehr

ungereimt erscheinen, daß er es nicht wenigstens einer Untersuchung werth achte; um so mehr, da nach Cicero's Zeugniß nichts so ungereimtes mag erdacht werden, daß nicht irgend einmal ein Sophist als Wahrheit behauptet hat. II. 444.

Unglauben.

Der Unglauben an Vorhersagungen macht oft wahr, was er nicht glauben wollte. I. 287.

Seine Folge ist eine eben so unerkannte als unnatürliche Leichtgläubigkeit. IV. 263.

Unmuth und Unruhe.

Unmuth und Unruhe im zeitlichen Leben, beweist die Heterogenität des geistigen Ichs mit der Erde; und einen noch unversöhnten Zwiespalt zwischen dem Menschen und Gott. IV. 194. Vergl. Heiterkeit.

Unvermögen.

Ist keine Schuld, es sey dann daß es herkomme vom Mangel des Willens, der Entschlossenheit und des Muthes; oder daß es entstanden sey aus vorgehender strafbarer Kraftverschwendung und Verschleuderung oder Vernachlässigung der Mittel. VII. 188.

Unwissenheit.

Die Unwissenheit in göttlichen Dingen, die sich für Erkenntniß hält, macht stolz: je mehr man hingegen in der Wissenschaft des Heils zugenommen hat, desto demüthiger wird man. I. 491.

Ursache und Wirkung.

Das Band zwischen Ursache und Wirkung wird zufolge einer angebornen Vernunft-Anschauung a priori geglaubt, d. i. unmittelbar erkannt; nicht a posteriori erst ergrübelt oder erschlossen. IV. 27. Vergl. Glaube.

Urtheil.

Ein blos sinnliches Urtheil ohne Begriff ist keine Wahrheit. I. 134.

Ein gerechtes Urtheil über einen Menschen setzt voraus, daß man ihn nach seinen eignen Grundsätzen prüfe, was nur ein Geistesverwandter gegen einen Geistesverwandten zu thun im Stande ist. III. 116.

Richten und verdammen die Absichten und Gesinnungen, welche nur Gott dem Herzenskundiger bekannt sind, ist uns verbothen: wohl aber das Lob, oder der Tadel der Handlungen, welche ja der Welt vor Augen liegen. VII. 120.

Urzustand der Menschheit.

Im Anfange der Schöpfung, ehe noch die Sünde war, und der Abfall den Menschen von Gott entfremdete, da war noch jede Erscheinung der Natur ein wohl verstandenes göttliches Wort, d. i. eine Mittheilung von Energien und Ideen, (Kräften und Anschauungen). Alles was der Mensch damals mit Ohren hörte, mit Augen sah, und mit Händen griff und betastete, war ein lebendiges Wort; und Gott selbst war dieses begriffene und begreifende Wort. IV. 32.

V.

Vaterschaft.

Vater seyn ist die größte Autorschaft: der Allvater ist daher auch der All=Autor. V. 82.

Venia (Nachsicht).

Ohne große Venia (Nachsicht) giebt es kein großes Ingenium (Genie), und ohne Venia (Nachsicht) gedeiht auch keine innige Freundschaft. VI. 286. S. Freunde. Item: Genie.

Verderben.

Das größte Verderben entsteht daher, daß man so viele Taugenichts ihr Glück ohne Ehre und Verdienst machen sieht. I. 41.

Vergötterung, heidnische.

Vergötterung (Apotheosis), nicht Vergöttlichung des Menschen war der Inhalt des Heidenthums; Vermenschlichung Gottes (Theanthropismus) ist der Geist des Christenthums. Wie der vermenschte Gott dem=

ungeachtet an sich wahrer Gott, bleibt, so bleibt auch der zum Gott verklärte Mensch an sich noch immer Mensch; nur jetzt seiner Unification (Einswerdung) mit Gott sich bewußt, und darum selig. VI. 15. S. **Apotheosis, Religion, Christenthum.**

Vernunft, die abstrakte.

Reden doch manche Leute von ihr, als wenn sie ein wirkliches Wesen; und dagegen vom lieben Gott, als wenn derselbe ein bloßer Begriff wäre. *IV. 3. 291.

Vernunft, die, des Individuums.

Die des Individuums ist sicher keine reine; VII. 245. denn sie ist eben so oft Quelle des Irrthums als der Wahrheit; es ist also gleich unrecht sie zu vergöttern, und sie zu verlästern. *IV. 3. 353.

Vernunft, die gesunde.

Ist wohl der allerwohlfeilste, eigenmächtigste und unverschämteste Selbstruhm. IV. 324. Ihre Voraussetzung gleicht vollkommen einer Sänfte ohne Träger und Boben, die den, der sich ihrer bedienen will, um gar nichts auf seinem Wege fördert. IV. 313. 314.

An ihrer Untrüglichkeit muß man billig zweifeln, wenn man weiß, daß sie nicht hinderte, daß sogar ein Plato und Aristoteles in den Abgrund fielen. III. 252.

Ueberhaupt dient die Vernunft wohl nur, uns zu zeigen, wie unwissend und schwach wir sind; vermag uns aber um nichts zu bessern, und leitet uns nur irre, wenn wir unbedingt auf sie hören. I. 405.

Vernunft=Predigt.

Die Predigt, nur allein der Vernunft zu gehorchen, die jeder ohne Unterschied sich selbst beilegt, ist eine Predigt offenbarer Rebellion gegen Kirche und Staat. IV. 333. S. Gehorsam.

Vernunft=Renegat.

Wer immer nur andern nachplappert, und stets die eigene Vernunft verläugnet, die er dennoch für Vernunft hält, ist ein Geck. I. 492.

Wer eines anderen Menschen Vernunft mehr glaubt, als seiner eigenen, hört auf ein Mensch zu seyn, und hat den ersten Rang unter dem Servum imitatorum pecus. I. 488. S. Autorität und Selbstständigkeit.

Verstand.

Der Verstand begreift in sich das Vergleichungs- (Comparations-) und das Absonderungs- (Abstraktions-) Vermögen, als wodurch allein die Anschauung und begreifende Erkenntniß des allgemein Bleibenden und Beständigen zu Stande kömmt und erzeugt wird. VI. 7.

Verstehen, und nicht verstehen.

Sollte es nicht Fälle geben, wo ein ehrlicher Autor wünschen möchte, lieber gar nicht, als unrecht verstanden zu werden? I. 287. Vergl. Schreiben.

Verzweiflung.

Wer immer lebendig an einen Gott glaubt, der die Menschen liebt, kann und darf nie verzweifeln. III. 239. S. Gottesfurcht.

Vorsehung, specielle.

S. Zufall.

Vorurtheile

sind Mode=Wahrheiten, die Wahrheiten scheinen, aber nicht sind. II. 125. — Mögen hin und wieder von Nutzen seyn, man muß sie also schonen, und nicht bilderstürmerisch gegen sie anrennen. I. 308. S. Irrthümer.

W.

Wachen und Schlafen.

S. Schlafen.

Wahrheit.

Wahrheit ist ein gegebenes Wirkliches, nichts willkührlich Erdachtes, oder Erdichtetes: sie läßt sich nicht erdichten, erdenken, oder erreden. * IV. 3 19. Als erkannt ist, sie rein geistig; als ausgesprochen gewinnt sie zugleich einen Leib und ein Kleid nach eines Jeden sprechenden Geschmack. I. 388.

Eine erkannte Wahrheit ohne Vermögen, oder ohne Freyheit sie auszusprechen, ist ein verborgner Schatz, der nichts fruchtet und keine Zinsen abträgt: dagegen ist aber auch die Freyheit zu Schwätzen ohne Wahrheit; eitle Schalkheit. VII. 85.

Wahrheit ist ein Metall der Tiefe und wird selten ohne mühsames Nachgraben auf der Oberfläche gefunden. I. 354.

Man findet sie auch nicht peripatetisch durch Herumlaufen und Hin= und Herwandeln durch allerlei Systeme. I. 45.

Sie scheint oft grob und ungeschlachtet; dagegen die Lügen gar häufig sich fein glatt und wie geschliffen ausnehmen. I. 358. S. Lüge.

Eine unbekannte Wahrheit am unrechten Orte gesagt, thut oft mehr Schaden, als gemeine und bekannte Irrthümer durch Glück und Geschick modificirt. I. 437.

Eine spekulative Wahrheit ist nur Wissenschaftskundigen zugängig und im Begriffe erfaßbar, dem gemeinen Haufen erscheint sie in concreto fast immer als ein Widerspruch. IV. 169. Vergl. Urtheil.

Die geringste Wahrheit, ist nach Baumgarten die Uebereinstimmung mehrerer Menschen in einem Geringsten; die größte hingegen die Uebereinstimmung der meisten, oder wohl gar aller und der besten Menschen in der größten und stärksten Erkenntniß. II. 190. Anmerk.

Wahrheit ist immer einfach, und braucht nicht viele Künstelei, aber die Menschen sind schielend und doppelsichtig und doppelzüngig: dafür sind sie auch Lügner. VII. 310.

Wo in einem Systeme eine einzige herrschende Wahrheit ist, da ist es Tag: wo hingegen anstatt einer ein unzählbares Heer von gesonderten Wahrheiten erscheint, dort herrscht die Nacht, die Schützerin der Diebe und Mörder. II. 281.

Die Wahrheit zu sagen soll man sich nie

schämen; eine Lüge hingegen bleibt immer schändlich, wenn sie auch noch so gesittet, demüthig und christlich einherschleicht. III. 63.

Doch ist **Wahres thun**, verdienstlicher noch als **Wahres reden**: wie **Gutes thun** verdienstlicher ist, als **Gutes reden, schreiben oder predigen**. VI. 301.

Gleichgültige Wahrheiten vertheidigen, ist eben so unnütz als gleichgültige Lügen oder Irrthümer widerlegen. V. 152.

Wahrscheinlichkeit,

sticht leider manchmal die Wahrheit selbst aus, VI. 301. S. Geschichte; und wird von ingeniis græcis et mendacibus gar sehr mißbraucht. II. 191. S. Sophisten.

Weiser.

Einem Weisen dünkt selten eine Begebenheit wunderbar oder unerwartet; weil er sie ja aus ihren Ursachen nothwendig und vorlängst werden und entstehen sah. Daher sein nihil admirari. II. 297. S. Admirari nihil.

Einen Weisen zu bedeuten und zu verständigen, sind 3 bis 10 Worte hinlänglich: ein taubes Publikum, einen despotischen Sultan, oder einen boshaften Sophisten zu verständigen, zu überzeugen oder zu bewegen, langt man so gar mit Tausend und mehr nicht aus. IV. 434. Vergl. Reden.

Weltall.

Das Weltall ist als das Buch eines anonymen Autors anzuschauen. II. 244. S. Gott. Natur. Schöpfung.

Welt, die sublunarische.

Diese sublunarische Welt mag die beste seyn; wenn anders ein Gott ist, der sie regiert: doch der Mensch kann diese ihre Optimität a posteriori nicht nachweisen, und auch a priori nicht anders als divinando einsehen. I. 491. Vergl. Optimismus.

Weltlauf,

der ist so beschaffen, daß man nicht glauben muß, was man sieht, sondern vielmehr hoffen und vertrauen auf das was man nicht sieht. V. 248.

Wesen und Erscheinung.

Gott ist das einzige Object des Wissens und Begehrens eines unsterblichen Geistes, der nicht Stätte noch Ruhe finden kann außer ihm; alles Uebrige ist nur Erscheinung; wie die Philosophen ganz recht sagen, wie wohl es viele weder selbst verstehen, und noch weniger von ihren Schülern recht verstanden werden. *IV. 3. S. 225.

Wetteifer.

Ein gemeinschaftlicher und friedfertiger Wetteifer ist dem Handel, den Wissenschaften und den Künsten beförblich und gedeihlich; Groll und Neid hingegen sind der häuslichen sowohl, als staatsbürgerlichen Glückseligkeit nachtheilig. III. 234.

Widerchristen.

S. Antichristianism.

Widerwärtigkeiten.

In jede Widerwärtigkeit hat die Vorsicht

ein heilsames Salz gelegt, daß wir nur verstehen sollten gehörig auszuziehen, und zu unserm Nutzen und zur Heilung unserer Uebel anzuwenden. I. 52.

Wille, der göttliche.

Der göttliche, gute und gnädige Wille geht unter den widersprechenden, krummen und verkehrten Anschlägen der Menschen, und sogar durch dieselben gleichwohl in Vollziehung. VI. 140.

Wille, der des Menschen.

Der Wille des Menschen ist eines Jeden Himmelreich oder auch seine Hölle. VI. 341. Vereint mit Gott, kann der Mensch alles was er will; für sich allein gegen Gott ist er ohnmächtig. l. c.

Der angebliche gute Wille des Menschen ist es nicht immer. VII. 248.

Wirkliches.

Alles Wirkliche ist natürlich und übernatürlich zugleich. IV. 68.

Was für jeden Sinn, äußern oder innern,

nichts, und nur für die leeren Abstraction etwas ist, ist kein wirkliches. IV. 244.

Wissenschaft.

In der Wissenschaft ist nichts, oder alles zu thun; denn mittelmäßig etwas ist Stümperei. I. 282.

Wissenschaften muß man nicht wie der Stutzer das weibliche Geschlecht nur überhaupt des tändelnden Vergnügens wegen, auch nicht wie der Philister seine Aecker blos des Nutzen und zeitlichen Gewinnstes wegen lieben; sondern man muß sich eben eine bestimmte Wissenschaft zur Gattin wählen, damit man daraus für sich andre Früchte erzeuge für die Ewigkeit. I. 172, 284, 287.

Wort Gottes.

Vor dem lebendigen, durchdringenden und markscheidenden Wort Gottes ist keine Kreatur verschlossen, sondern liegt blos und in ihrem Innersten enthüllt vor ihm. I. 75. 439.

Worte der Menschen.

Sie sind die Scheidemünze der Wahrheit

und ihr Mangel ist so beschwerlich und nachtheilig, als ihr Ueberfluß. 1. 101. S. Rede. Sprache.

Wörterbücher.

Der Hof, die Schule, der Handel und Wandel, und die geschloßnen Zünfte, die Rotten und Sekten, haben alle und jede ihre eignen Wörterbücher, so wie ihren eignen Geist; der Geist ist der Herr und Stifter aller Sprachen. II. 210. IV. 343.

Wunder.

Wenn alle Wunder erlogen sind, so ist es ein noch viel größeres Wunder, wie doch der Glaube an Wunder je entstehen, und ein solches Wunder habe wirken können, wie wir es ja sehen, und alle die Zeugen aller Jahrhunderte es melden. 1. 25.

Größere Wunder, als selbst die des Stifters der christlichen Religion sind seinen Gläubigen zu wirken, von ihm selbst verheißen worden; und überall sehen wir an diesen Wundern die Spuren des Zusammen-

wirkens des Göttlichen und Menschlichen.
VI. 112.

Die Furcht und das Erstaunen über ein augenscheinliches und unläugbares Wunderwerk, dessen Zeuge ein Ungläubiger selbst war, möchte am ehesten einen leichtsinnigen La Metrie oder einen tiefsinnigen Spinoza oder Hume auf dem kürzesten Wege zur Religion zurückführen. III. 261.

Wunsch, der, eines jeden Autors.

S. Autor, Leser, Kunstrichter.

Z.

Zank, unnützer.

Man muß sich nur nicht mit jedem Narren einlassen, der sich mit uns für die lange Weile um eine halbe oder Viertheils-Wahrheit zanken will. IV. 3. S. 132.

Zeiten.

Wie die heroischen Zeiten an Riesen, so sind die philosophischen an Betrügern und

Sophisten fruchtbar. II. 281. Vergl. J a h r=
h u n d e r t.

Zeit schafft man sich selbst durch gute
Anwendung und Herrschaft über sich selbst
und seine Launen: dann hat man niemal
überflüßig, und niemal zu wenig, sondern
immer gerade genug. I. 298.

Zerstreuung.

Die Zerstreuung wächst mit der Leichtig=
keit zu reden, und der Gewohnheit zu hören.
II. 125.

Zufall.

Wenn es immer auch nur in den minde=
sten Kleinigkeiten einen reinen Zufall giebt,
so kann die Welt schon nicht mehr gut, noch
weniger aber die beste seyn: fließen hingegen
auch sogar die mindesten Kleinigkeiten aus
ewigen Gesetzen, und giebt es, wie die heil.
Schrift lehrt, eine individuelle, und gleich=
sam atomistische und myopische Vorsehung:
dann ist es eigentlich diese, die das Ganze
gut macht. I. 511.

Das gläubige Gebeth des Christen setzt eine solche Vorsehung voraus. S. Gebeth.

Zufriedenheit.

Die Zufriedenheit ist das wahre Geheimniß, sich von dem Optimismus der Welt, die Gott geschaffen hat, zu überzeugen. V. 120.

Zuhörer,

heißen Menschen, (wiewohl leider gleichsam nur zum Spotte), die nichts vernehmen, indem sie entweder nicht aufmerken wollen, oder nicht zu hören wissen. II. 280.

Zweifel.

Zweifel gegen das unmittelbar per sensum sui Gewisse, muß man nicht durch Gründe zu lösen suchen, sondern nur schlechthin mit einem Bah! zurückweisen. *IV. 34.

Zweifeln, lediglich um zu zweifeln, nicht um durch Auflösung des Zweifels bis zur Wahrheit vorzudringen, ist eine gefährliche Seelenkrankheit; die am Ende leicht zur gänzlichen Gleichgültigkeit oder wohl gar

Unempfindlichkeit für alle Wahrheit, und zur gänzlichen Verzweiflung an dieselbe ausschlagen möchte. Allzu leichtsinnige Vergnügungs-Jäger und allzu tiefsinnige Grübler schweben in der größten Gefahr, in diese Krankheit zu fallen, und darin zu Grunde zu gehen. III. 261.

Immanuel Kant.

Immanuel Kant's Charakteristik.

Immanuel Kant, der berühmte Wiedererwecker der seit Leibnizens Zeiten fast gänzlich erloschenen spekulativen Philosophie in Deutschland, war eines bürgerlichen Schuhmachers Sohn, geboren zu Königsberg in Preußen 1724 den 22. April.

Der Pfarrer in der Altstadt, Franz Andre Schulz, machte zuerst Kants Eltern auf die großen und seltenen Anlagen des heranwachsenden Knabens aufmerksam, beredete sie, ihn studiren zu lassen, und unterstützte sie hierbei auf eine edle Art.

So kam Kant ins Collegium Fridericianum, dessen Director damals der genannte Schulz selbst war, von dem er seine erste Aus=

bildung erhielt, und hörte hierauf nach vollendetem Gymnasium, wie Hamann, sein um sechs Jahre jüngerer Freund, die Philosophie an der Universität seiner Vaterstadt bei dem damals berühmten Professor Martin Knutzen, nach deren Vollendung er schon in seinem zwei und zwanzigsten Jahre als Schriftsteller mit dem Gedanken über die Schätzung der lebendigen Kräfte, Königsberg 1746 auftrat, unter dem aus Seneca de Vita beata Cap. 1. geborgten Motto: Nihil magis praestandum est, quam ne pecorum ritu sequamur antecedentium gregem, pergentes non qua eundum est, sed qua itur. Im Jahre 1754 wurde er Mitglied der deutschen Gesellschaft zu Königsberg; 1755 und 1756 disputirte er erst pro receptione, und dann pro loco inter Magistros legentes an der Universität, worauf in den folgenden Jahren bis 1770 mehrere gedruckte Abhandlungen von physischen, logischen, oder metaphysischen Inhalt von ihm im Drucke erschienen.

Ihm verdankt die Welt auch Hamann

als Schriftsteller, wie dann dieser selbst in seiner ersten Schrift den **Sokratischen Denkwürdigkeiten** vom J. 1759, in der Vorrede an Niemand den Kundbaren und an Zween, als diese letztern ausdrücklich den Kaufmann **Chr. Berens in Riga**, und den Mag. **Immanuel Kant** nennet, wovon er den erstern als einen universalen Politiker und Adepten, den andern als einen universalen Philosophen und Ontologisten aufziehet. Sogar seine erste Anstellung in den Posten eines Secretair-Traducteur bei der Finanzkammer in Königsberg verdankte Hamann den Bemühungen seines Freundes Kant.

Von seiner eigenen neuen Philosophie gab Kant zuerst die Grundlinien in seiner im Jahre 1770 pro loco als ordentlicher Professor an der Universität gehaltenen Disputation: De mundi sensibilis atque intelligibilis forma et principiis, d. i. von der Vorstellungsweise und den ersten Gründen der Sinnen= und Verstandes=Welt.

Im J. 1781 erschien endlich das Werk selbst unter dem Titel: **Critik der reinen Vernunft**, Riga bei Hartknoch a.c., worauf im J. 1783 **Prolegomena**, im J. 1785 die **Grundlegung der Metaphysik der Sitten**, i. J. 1786 die **Anfangsgründe der Naturlehre**, im J. 1787 die zweite Auflage der **Critik der reinen Vernunft**, und endlich im J. 1790 die **Critik der Urtheilskraft** folgte, welche den Gipfel der Kantischen Speculation in ihrer höchsten Vollendung bezeichnet.

Betreffend den Vortrag dieser Reihe strengwissenschaftlicher Schriften erklärte sich der Verfasser selbst in den Prolegomenen S. 18—19. „die Popularität der dem gemischten Publikum faßbaren Verständlichkeit hätte ich meinem Vortrage, wie ich mir schmeichle, wohl geben können, wenn es mir nur darum, und nicht vielmehr um das Wohl der Wissenschaft selbst, die mich schon so lange beschäftiget, zu thun gewesen wäre: und in der That gehörte nicht wenig Selbstüberwindung dazu, die Anlockung einer frühern günstigen Aufnahme der Aussicht auf einen zwar spätern aber dauerhafteren Beifall nachzusetzen."

Daß Kant nicht blos für das wissenschaftliche Publikum als ein gründlicher Denker, sondern auch für die gemischte Lesewelt als ein witziger und launiger Schriftsteller zu schreiben wußte, erhellet nicht nur aus den seit 1764 bis auf die letzten Jahre seines Lebens von ihm fortgesetzten **Vorlesungen über Anthropologie und physikalische Geographie**, die zahlreich von einem gemischten Publikum, vorzüglich aber (1764) von den Officieren der Königsbergischen Besatzung unter dem General Meyer besucht wurden, sondern auch gegenwärtige Blumenlese giebt von Kants Witz und Laune Zeugniß.

Dafür wußten aber auch die Stadt Königsberg und seine Mitbürger, die Universität daselbst, die Akademie zu Berlin, und der König selbst die Verdienste Kants zu schätzen und zu ehren. Collin bildete den

Critiker der reinen Vernunft en Medaillon (1782) wie ihn schon früher Schleuen für den XX. Band der allgem. deutsch. Bibliothek in Kupfer gestochen hatte. Im Jahre 1784 erhielt Kant von der Akademie zu Berlin eine goldene Medaille mit seinem Bildnisse, Namen und Geburtsjahr, die Universität zu Königsberg ernannte ihn im J. 1786 zum Rector magnificus, und von dem neuen Könige Friedrich Wilhelm II., als er in eben dem Jahre die Huldigung in Königsberg einnahm, und dem begleitenden Minister Grafen von Herzberg wurde Kant von allen Professoren sehr unterschieden, und bald darauf zu einer Stelle bei der Akademie der Wissenschaften ernannt.

Leider standen jedoch seine jüngsten, weniger wissenschaftlichen und mehr populären Schriften, darinnen er ohne ein tüchtiges Fundament, und folglich ohne Möglichkeit des Gelingens ein neues positives System aufzustellen versuchte, als nämlich seine Religion innerhalb den Gränzen der bloßen Vernunft 1793, die Tugend- und Rechtslehre 1797, die Anthropologie 1798 den frühern critischen Werken an Gründlichkeit bei weitem nach: (vermuthlich, weil ihn sein Ruhm etwas sorgloser gemacht, und das Alter ihm den Muth und die Kraft benommen hatte, manches in diesen Werken näher zu bestimmen, und dadurch zu berichtigen,) ja die erste der genannten Schriften zog dem Verfasser eine Warnung von der höchsten Stelle zu, zufolge welcher er versprach, künftighin aller öffentlichen Vorträge die Religion betreffend, es seye die natürliche, oder die positive und geoffenbarte, sowohl in Vorlesungen, als in Schriften sich gänzlich zu enthalten.

Im Uebrigen hatte Kant noch das Vergnügen, zu erleben, daß fast alle Lehrer der Philosophie in Deutschland zuerst an protestantischen, nachher aber auch an katholischen Universitäten und Lyceen seine Lehre vortrugen, und nach der Ehre geizten, als seine Gegner oder Anhänger bekannt zu werden:

aber auch das Mißvergnügen, zu bemerken, wie Wenige unter dieser Menge, theils von Gegnern, theils von Freunden den Geist seines Philosophirens wirklich gefaßt hatten.

Denn kaum hatte Kant, wie Friedr. Meyer in Frankf. am Mayn, (Blätter für höhere Wahrheit, 1. Sammlung, S. 49.) mit Recht bemerkt, durch sein Geständniß, „die sich selbst überlassene Vernunft des Menschen wisse in dieser ihrer Beschränkung nichts vom Göttlichen und Ewigen, als daß es eben seye, ein an sich unbekanntes $= x;$" das Phönixfeuer angezündet, darinnen die von Gott getrennte endliche und trügliche Vernunftwissenschaft verbrennen sollte, um sich aus ihrer Asche in göttlicher Verklärung zu erheben; als die Menge der Commentatoren von allen Seiten schnell wieder Wasser herbeitrug, dem Brand ein Ende zu machen, um ihre eignen Siebensachen zu retten.

Als endlich Hamann, Herder und Jakobi nicht so fast gegen Kant, als gegen das Heer seiner nicht-denkenden Anhäuger sich erklärten, und Fichte den Kantischen Idealismus, welchen Kants Anhänger sorgfältig zu verstecken suchten, auf seine eigne Weise in strenger rücksichtloser Consequenz noch weiter durchführte; erfolgte gleichsam zur rechten Zeit, da der Greis in seinen letzten Lebensjahren ganz hinfällig geworden war, Kants Tod im Jahre 1804 den 12. Februar.

Seine Erben waren seine Schwester und ihr Sohn; denen er außer einem eignen Hause und Garten ein Vermögen von 17,000 Thlr. an baarem Gelde hinterließ.

Der Kriegsrath Joh. Georg Scheffner, sein vieljähriger Freund, ließ ihm nachher im J. 1809 in der jetzt sogenannten, 136 Fuß langen und 15 Fuß breiten Stoa Kantiana, dem ehemaligen Professoren-Grabgewölbe an der Kneiphöfischen Kirche, worinnen auch Kant beerdigt wurde, einen schönen Sarg errichten, und dahin auch die Marmorbüste des Verewigten übersetzen, die dessen Freunde und Verehrer noch bei seinen

Lebzeiten durch Schadow in Berlin verfertigen ließen. Die Grabstätte selbst bezeichnet eine Steinplatte mit der Aufschrift:

Sepulchrum Immanuelis Kant, nati a. d. X. Cal. Majj. ann. Dom. M. D. CC. XXIV. denat. prid. Jd. Februar. ann. M. D. CCC. IV. hoc monumento signavit amicus Jo. Georg. Scheffner. M. D. CCC. IX.

Betreffend seinen persönlichen Charakter war Kant klein und schmächtig von Körper, aber ein arbeitsamer und rüstiger Geist, von überaus scharfen, grüblerischen, und alles zersetzenden Verstande, doch großer Gutmüthigkeit; sehr unterhaltend im Umgange, und von viel umfassenden und leicht behaltenden Gedächtnisse, auch überaus großer Belesenheit, vorzüglich in dem Neuesten was seiner Zeit im geographischen und naturhistorischen Fache erschien; treu und dienstfertig gegen seine Freunde, leicht versöhnlich bei Verstößen, zwar wohl ein wenig eitel, und bald von Vorurtheilen eingenommen, aber auch sich selbst häufig wieder zurecht=

weisend, und im Grunde gut, ja edel – denkend.

In wissenschaftlicher Hinsicht möchte man ihn wohl den preußischen Hume nennen: Nicht als positives Lehrgebäude, (wofür auch der Königsbergische Vernunft=Critiker seine Arbeit niemals ausgegeben hätte;) aber doch als eine nothwendige Vorbereitungsstufe, und als allgemeiner negativer Protestantism wird das Kantische System in der Geschichte der Philosophie auf immer Epoche machen.

Kant beschloß seine litterarische Thätigkeit im J. 1798, seit welcher Zeit er weiter keine Vorlesungen mehr hielt, noch irgend etwas drucken ließ.

Im Jahre 1801 im Monat November gab er auch die Administration seines ganzen eigenen Hauswesens, das er erst seit 1798 zu führen angefangen hatte, in die Hände eines Freundes, des Diacons Wasianski ab, um sich ganz in Ruhe zu setzen.

Seine Bibliothek war unansehnlich; denn sie bestand nur aus etwa 450 Bänden: der Umstand, daß er in seinen frühern Jahren Bibliothekar der Königsbergischen Schloß-Bibliothek gewesen war, und daß er späterhin von seinem Verleger die neuesten Sachen zur Einsicht erhielt, macht leicht begreiflich, wie er einer zahlreichern Bücher-Sammlung entbehren konnte.

Immanuel Kant's Weisheits-Sprüche und Witzreden.

A.

Aberglaube.

Aberglaube ist Wahn, wie Religion Glaube: der Abergläubige hält an Götzen und Fratzen, den Trugbildern der Einbildungskraft fest, der Gläubige erkennt einen Gott, welchen ihm die Vernunft und die Bibel weiset. Tugendlehre, S. 97.

Affekt und Leidenschaft, ihr Unterschied.

Der Affekt ist wie ein Rausch, den man bald wieder ausschläft; die Leidenschaft hingegen ist ein anhaltender Wahnsinn, der sich immer tiefer einnistet, je länger man ihn hegt. Anthropolog. S. 204.

Altes und Neues.

Da der menschliche Verstand über unzählige Gegenstände viele Jahrhunderte hindurch auf mancherlei Weise nachgedacht, raisonirt, und häufig wohl auch geschwärmt hat, so kann es nicht fehlen, daß nicht zu jedem Neuen etwas Altes gefunden werden sollte, das damit einige Aehnlichkeit habe. Prolegom. zur Metaphys. S. 4.

Anständigkeit.

Die äußere sittliche Anständigkeit ist zwar noch nicht eigentliche sittliche Tugend, (d. h. ganz reines Gold oder Silber; sondern nur Scheidemünze mit einem unedlen Beisatz;) aber sie ist doch noch immer besser als das Gegentheil, d. h. besser als ganz rohe Thierheit und Undisciplin. Man muß sich also wohl in Acht nehmen, die äußere Anständigkeit und Decenz nicht zur Unzeit zu decreditiren, oder zu verschreien. Critik d. prakt. Vern. S. 276. Anthropolog. S. 45.

Aufklärung.

Die ächte Aufklärung ist der Ausgang des Menschen aus der seiner selbst unwürdigen Unmündigkeit durch gründliche Wissenschaft und Erkenntniß. Anthropolog. S. 167.

Die unächte, hält Sophistik für Wissenschaft. Critik d. rein. Vernunft. 2te Auflage. Vorr. S. XXXI.

Den unächten Aufklärern begegnet man am zweckmäßigsten, wenn man ihnen auf Sokratische Weise ihre baare und blanke Unwissenheit, in dem was sie zu wissen vermeinen, anschaulich und handgreiflich macht. Crit. d. rein. Vern. l. c.

Ausleger, d. i. Hermeneuten.

Es ist selten, aber doch nicht geradezu unmöglich, daß ein genialer Ausleger einen Autor, (seye es nun ein alter oder ein neuer Zeitgenosse,) besser, d. i. tiefer und gründlicher versteht, als dieser sich selbst verstand, oder doch wenigstens auszudrücken vermochte. Crit. d. rein. Vern. S. 370.

In diesem Falle gehört der Grundgedanken zwar dem alten oder neuen Autor, der ihn zuerst, wiewohl nur halb verstanden vorbrachte, und etwa nur vom Instinkte geleitet aussprach, ohne seine Wichtigkeit und Tiefe klar einzusehen: das Hauptverdienst aber der Einsicht gehört dem Ausleger: — demnach lernte hier der Bessere von dem Schlechtern; was freilich nur einem solchen zu lernen möglich war. Prolegom. S. 32.

Aussenwelt.

S. Einwirkung derselben auf die menschliche Seele.

Autor.

Der philosophische Schriftsteller soll lehren oder nützen; der poetische bilden oder ergötzen. Wer weder in der Philosophie, noch in der Poesie das Eine oder das Andere zu leisten vermag: wofür schreibt denn dieser im rein humanistischen Fache, und macht auf Leser Anspruch?

Denken will ich, oder empfinden,

wenn ich ein humanistisches Buch in die Hand nehme. Wer mich nichts zu lehren vermag, der gebe mir doch etwas zu empfinden, und mache mich weinen oder lachen, lieber aber das letztere. **Critik der Urtheilskraft.** S. 225.

B.

Begehren.

Was man gewöhnlich sagt, daß wir etwas begehren, weil wir es uns als gut vorstellen; davon trifft eben so oft das klare Gegentheil ein, daß wir uns etwas als gut vorstellen, weil wir es eben begehren, d. h. weil uns eben darnach gelüstet. – **Critik d. prakt. Vern.** S. 104.

Bejahen oder Verneinen.

Bejahen oder verneinen soll niemand etwas als zuverlässig, bevor er nicht über das Seyn oder die Wahrheit bei sich selbst im reinen ist. **Prolegomen.** S. 4.

Berühmtheit.

Um hohe Thürme und berühmte Männer brauset, rauscht und sauset gewöhnlich viel Wind. Prolegomen. S. 204.

Betrug, frommer.

Mit Betrug, Hinterlist und Verstellung muß man selbst eine gerechte Sache nicht durchsetzen wollen. Gott und die Wahrheit bedürfen sicher nicht, daß man für sie lüge; wie schon Hiob bemerkte. S. über den frommen Betrug, in d. Berl. Monatschr.

Beweise.

Beweisen wollen, daß es außer den sinnlichen Erkenntnissen gar keine höheren Erkenntnisse gebe, noch geben könne; ist eben so viel, als durch die Vernunft selbst zeigen wollen, daß es keine Vernunft gebe. Crit. d. prakt. Vern. S. 23.

Einem angeblichen Philosophen, der ohne Arges dabei zu denken, für eine und dieselbe Vernunftwahrheit gar ernsthaft mehr als einen vollkommen überzeugenden und

gar keine Gegenrede zulaſſenden Beweis an-
giebt, thut man gewiß nicht zu viel, wenn
man ihn auf den Kopf zuſagt, daß er für
ſeine gerühmte Vernunftwahrheit durchaus
gar keinen ſolchen Beweis habe; ja auch nicht
einmal wiſſe, was ein vollkommen überzeu-
gender Beweis ſeyn ſolle. Crit. der rein.
Vern. S. 817.

Bilden und Erziehen.

Bilden und Erziehen zur Menſchheit durch
Philoſophie und Religion, heißt erziehen nicht
nach den Launen, Bedürfniſſen und Erfor-
derniſſen der gegenwärtigen Mode, oder des
inſtehenden augenblicklichen Nutzens und
Vortheils; ſondern nach einer ewigen Vernunft-Idee, und für die Hoffnung einer
beſſern Zukunft. Pädagog. S. 17.

Der Jüngling werde vor allem zur Selbſterkenntniß angeführt; dieſes iſt die erſte
Stufe zur Philoſophie. Nur die Höllenfahrt
der Selbſterkenntniß bahnt den Weg zur

Himmelfahrt und zur Vereinigung mit Gott. Tugendlehre. S. 104.

Billigkeit

ist eine Stimme Gottes, die freilich vor den äußern Gerichten, wo das eiserne unbeugsame Recht herrscht, selten angehört wird.

Dem Summum jus summa injuria, kann nämlich nur der König und Gesetzgeber, nicht der Richter remediren. Rechtslehre. S. XL.

Bösartigkeit.

Die Bösartigkeit der menschlichen Natur ist, Gott sey es gedankt, nicht so fast directe Bosheit, das Böse als Böses zur Triebfeder seiner Handlung zu machen, denn dieses ist teuflisch, sondern vielmehr nur Verkehrtheit, sich selbst vorzuspiegeln, als könnte man das Sittlich-Gute, was doch allein einen absoluten Werth hat, wohl gar einmal für einen zu hohen Preis irgend einer zeitlichen Aufopferung einkaufen. Religion. S. 32.

C.

Classiker.

In der Philosophie giebt es keinen classischen Autor, von allgemein gültiger unbedingter Autorität, außer allein Gott, welcher ist die allgemeine objective, selbstständige und lebendige Vernunft. Gegen Eberhard. S. 63. Not.

Common-Sens.

S. Gemeinsinn. Menschenverstand. Mutterwitz.

Conversation.

Die Kunst die Conversation zu leiten, besteht darin: 1) daß man einen Stoff auf die Bahn bringe, worüber jeder der Gegenwärtigen aus seinem Standpunkte etwas besondres zu sagen wisse; 2) daß man den Stoff nicht leicht und ohne Noth wechsle, bevor er erschöpft wurde; 3) daß man sorge, daß die Unterhaltung nicht zur ernsthaften und gelehrten Disputation, oder was noch ärger wäre, in ein leidenschaftliches Gezänk ausarte; 4) daß man mache, daß alle von der Gesellschaft mit sich selbst zufrieden auseinander gehen. Anthropolog. S. 250 f.

Critik.

Als Copernicus merkte, daß es mit der Erklärung der Himmelsbewegungen nicht gut fort wollte, indem man damals allgemein annahm, der ganze Himmel drehe sich um den Zuschauer; versuchte er, ob es nicht besser gelingen möchte, wenn er den Zuschauer sich drehen, und dagegen den Sternenhimmel in Ruhe ließ.

Wenn nun die Metaphysik bisher nicht gut fortkam bei der Annahme, daß alle Begriffe aus der Erfahrung zu erholen seyen; sollte man es denn nicht einmal umkehren, und sehen, ob es nicht richtiger sey, anzunehmen, daß es auch wohl Begriffe a priori geben müsse, welche die Erfahrung bestimmen und möglich machen, und daß man folglich von diesen Begriffen als allgemein=gültigen und nothwendigen ausgehend, zu der Erklärung und Erfahrung fortschreiten, nicht aber umgekehrt von den Zufälligkeiten der Erscheinungen der Erfahrung anfangend, von dieser das allgemein=nothwendige des Begriffes zu erbetteln habe. **Vorrede zur Critik der rein. Vern. 2te Aufl. S. XVI. XVII.**

Wenigstens hoffe ich, (spricht Kant) daß diese Art zu philosophiren, wenn sie einmal in Umlauf gekommen ist, nicht verschwinden werde, ohne wenigstens ein festeres System der reinen Philosophie als bisher vorhanden war, und in den Schulen herrschte, zu veranlassen. **Gegen Eberhard. S. 117.**

Critiker.

Es mag wohl ein Critiker in diesem oder jenem Stücke des Wissens eine richtigere Einsicht haben, als der Schriftsteller den er recensirt: wer wird aber deswegen allein den ersten für den größern Gelehrten halten? — Besonders da es sich oft genug fügen mag, daß dieser Critiker selbst jene richtigern Einsichten gerade dem Manne verdankt, dem er etwa in deßelben Lehrgebäude einen oder den anderu einzelnen Fehlschluß nachweiset. S. Schätzung der lebendigen Kräfte, kl. Schr. I. 7. 294.

D.
Dispute.

Wenn in einem theoretischen oder gelehrten Streite eine Parthey mit der andern schlechthin nicht fertig werden kann; so ist es insgemein ein Zeichen, daß Beide sich selbst unbewußt gleich recht, und gleich unrecht haben. Crit. d. rein. Vernunft. S. 529. 530.

Oder aber, es herrscht ein geheimes Einverständniß zwischen Beiden, sich selbst wechselweise vor dem Publikum mit leeren Worten zu zahlen, ut probe intellexisse videantur, quod neutri tamen intelligunt. Träume eines Geistersehers; in den kleinen Schriften. Band II. S. 397.

Dreieinigkeit Gottes.

Sie ist die Form des göttlichen Selbstbewußtseyns, ohne welches Gott keine Persönlichkeit haben würde.

Wie das **Selbstbewußtseyn** nicht mehr als drei Stufen, das Wissen von sich selbst als einem Seyenden, das Wissen von sich selbst als einem Wissenden, und endlich das Wissen von der wesentlichen Einheit seines eignen Seyns und Wissens in sich selbst begreift: so kann auch die reine göttliche Wesenheit nicht mehr und nicht weniger als drei göttliche Individuationen in sich begreifen; **Prolegom. S. 56. Vergl. mit Hegels System der Wissenschaft. §. 467.** — wie der **Raum und die Zeit** nicht mehr noch weniger als drei Vermessungen, und jede philosophische Eintheilung nicht mehr noch weniger als trichotomisch seyn kann. **Crit. d. Urtheilskr. Einleit. S. LV.**

Dunkelheit.

Die angebliche eines wissenschaftlichen

Buches ist kein Tadel: denn sie ist oft nur Folge der subjectiven Blödsichtigkeit oder Trägheit des Lesers: sie dient sogar nebenher das müßige unnütze Volk von einer Lektüre, die nicht für dasselbe paßt, zurückzuschrecken. Prolegom. S. 22, 23.

E.

Eigensinn, der logische.

Eigensinn, der logische, nicht Nachsprache und bloßes Echo von Andern, in wissenschaftlicher Hinsicht seyn zu wollen, ist von keiner schlimmen Bedeutung, außer er wäre auf Eitelkeit und das Verlangen gegründet, daß Andre, ihm diesen Eigensinnigen, unbedingt und ungeprüft nachsprechen sollen. Anthropolog. S. 7.

Einbildungskraft.

Der Einbildungskraft ist es nicht zu verübeln, wenn sie bisweilen schwärmt: denn es ist leichter ihre Kühnheit zu mäßigen, als ihrer Mattigkeit aufzuhelfen. Prolegom. S. 108.

Allein es ist doch immer ein gar zu großer und zu mächtiger Unterschied, ob Jemand mit Bewußtseyn und Methode philosophire, oder nur den Philosophen spiele, ohne zuvor die Schule gemacht zu haben: jenes heischt Arbeit; zu diesem gelangt man wohl auch ohne Arbeit per inspirationem ab intra vel extra provenientem. **Vom vornehmen Ton in der Philosophie. S. kl. Schriften. Band III. S. 591. Anmerk.**

Den Verirrungen einer noch jungen und ungeübten Urtheilskraft einerseits, und den Geniesprüngen und Ausschweifungen einer noch jugendlichen und ungezügelten Einbildungskraft anderseits zu remediren, ist die critisch-gesuchte und methodisch-eingeleitete Wissenschaft das beste Mittel. **Crit. der prakt. Vernunft. S. 292.**

Einwirkung der Aussenwelt auf die menschliche Seele.

Wie die Aussenwelt auf die menschliche Seele einwirken, und durch ihre Eindrücke

Vorstellungen in derselben hervorbringen möge? — wird unmittelbar eingesehen und begriffen, wenn man erkannt hat, daß ja der ganze innere Zustand des jedesmaligen Selbstbewußtseyns der menschlichen Seele nichts anders seye, als die Zusammenstellung ihrer Vorstellungen und Begriffe; und daß dieser innerliche Zustand, insofern er sich auf das Aeusserliche bezieht, eben die Erfassung der einwirkenden Aussenwelt auf diese bestimmte Seele ist.

Der Leib ist also die Camera obscura, in und durch welche die Seele das Weltall zum Behufe ihres Zeitlebens auffassen muß. S. Schätzung d. lebendigen Kräfte, kl. Schrift. I. 25.

Erfahrung.

Erfahrung ist das erste Produkt, welches unser Verstand erzeugt, indem er den rohen Stoff sinnlicher Empfindungen zu Begriffe verarbeitet. Critik der reinen Vernunft; Anfang der Einleit. Erste Ausgabe.

Nur in der Erfahrung ist Wahrheit und Wirklichkeit, d. i. Uebereinstimmung des Begriffes und der Anschauung, der Möglichkeit und der Wirklichkeit und folglich zuverlässige Erkenntniß des Also=Seyns.

Nur in den angebornen Begriffen und Anschauungen, wodurch die Erfahrung selbst möglich wird, ist Gewißheit und Nothwendigkeit, d. h. Erkenntniß des Also=Seyn=Müssens. Prolegomen. S. 205. Vergl. oben Beweis.

Erfindung.

Von einer Wahrheit, oder von einer Kunst, worauf man als der erste Erfinder von selbst gekommen ist, findet man hinterher wohl auch anderwärts Spuren, die niemand anderer, und selbst der neue Erfinder vor gemachter Erfindung daselbst nicht gesehen, sie nicht einmal vermuthet hätte, welche aber nach gemachter Erfindung jedem Schüler deutlich nachgewiesen, und auch von diesem erkannt werden mögen. Prolegom. S. 31, 32.

Erkenntnisse, ursprüngliche.

Auch in Hinsicht auf Erkenntnisse, wie auf sächliches Eigenthum, giebt es ein ursprüngliches Eigenthum; dergleichen ohne diese Erwerbung als Eigenthum oder als Erkenntniß gar noch nicht existirt, sondern erst mit dieser Erwerbung, und durch sie entsteht. Gegen Eberhard. S. 68.

Zum Erwerb einer der Menschheit unentbehrlichen Erkenntniß ist es einem Philosophen unanständig, über Schwierigkeit oder Dunkelheit der Aufgabe sich zu beschweren; noch mehr aber über Mangel an Unterhaltung, oder über Kränkung seiner Bequemlichkeit zu klagen. Denn die richtige Erkenntniß, der theoretischen Philosophie höchstes Ziel, wird ja eben nur durch Fleiß und Anstrengung gewonnen, in sudore vultus, et contentione spiritus. Prolegomen. S. 15.

F.

Forschung.

Es steht dem Eifer eines Gelehrten wohl an, keine andere Gränzen der wissenschaftlichen Forschung anzuerkennen, als das absolute Unvermögen dieselbe weiter fortzusetzen. — Nur daß er über den vorwitzigen Forschungen des Entbehrlichen, die Begründung und Entdeckung des Unentbehrlichen nicht aus dem Gesichte verliere. Träume eines Geistersehers, kl. Schrift. II. 470. 471.

Freunde und Feinde.

Manche Autoren hätten wohl Ursache zu sagen: Gott bewahre uns nur vor unsern Freunden, vor unsern Feinden wollen wir uns schon selbst in Acht nehmen. Gegen Eberhard. S. 119.

Freyheit, die sittliche.

Ist eine nothwendige Voraussetzung der Ethik; mit ihr steht und fällt die Möglichkeit aller Zurechnung zum Verdienst oder zur Schuld.

Auch ist es gar nichts widersprechendes, daß die nämliche Handlung zugleich physisch-nothwendig, und dennoch moralisch-frey seye: d. h. daß sie zugleich in Ansehung der Reihe der Erscheinungen einen subordinirten Anfang habe und dennoch in Ansehung der Causalität der Vernunft als erster Anfang aus eigener innerer Selbstbestimmung hervorgehe. Prolegom. S. 157.

Freyheit, bürgerlich-litterarische, der Feder, und der Druckerpresse.

Die Freyheit der Feder und der Druckerpresse ist das einzige Mittel, dort wo noch Vieles zu verbessern ist, die Regierung von dem zu belehren, wo sie wider ihren Willen irrt. Theorie und Praxis. S. kleine Schriften. Band III. S. 473.

Frömmigkeit und Egoismus.

Das Princip des Frommen, steht mit dem des Egoisten im schreiendsten Contraste.

Indem nämlich jener der Vorschrift folgt: "Liebe Gott und sein Gesetz über Alles, den Nächsten aber wie dich selbst;" — heißt die Maxime des letztern: "Liebe dich selbst über Alles; Gott aber, sein Gesetz und deinen Nächsten nur um deinetwillen." — Critik d. prakt. Vern. S. 147 f.

Fürst.
S. Titulaturen, fürstliche.

G.

Gegensätze; Vereinigung derselben.

Wenn Männer von Verstande aus redlicher Ueberzeugung ganz wider einander laufende Meinungen behaupten; dann ist es oft nur darum zu thun, einen gewissen vermittelnden Satz zu finden, der beide Partheyen, in dem was sie Wahres behaupten, bestätige. Schätzung der lebend. Kräfte, kl. Schrift. I. 41. 42.

Geheimnisse.

Man hüte sich ja, alle Wunder und My=

sterien aus der Religion und der heil. Schrift ausklären und hinwegdeuteln zu wollen: denn durch Wunder und Mysterien spricht sich ja eben das Uebersinnliche aus; und was wäre denn eine Religion ohne den Begriff des Uebersinnlichen? Critik d. rein. Vern. 2te Aufl. Vorrede XXXI.

Gelehrte.

Alle Gelehrte ohne Unterschied, die zünftigen wie die Nichtzünftigen, die spekulativen wie die praktischen, sind und werden Standeshalber präsummirt als Erleuchtete und Adepten der Vernunft-Einsicht.

Als solche bilden sie dann auch unter sich ein eignes Gemein-Wesen, (die sogenannte Gelehrten-Republik) welches in Sachen der spekulativen Wissenschaft schlechterdings keine Statuten einer äußern höhern Gewalt anerkennen kann; wiewohl der Staat (und die Kirche) die ausübenden Gelehrten, die sie für sich als gelehrte Geschäftsmänner unmittelbar in ihre Pflicht nehmen, verbindlich machen kann, in ihrer Amtsführung an gewisse Vorschriften sich zu halten, damit den Bürgern des Staates oder der Kirche aus den Disputen der Gelehrten kein Schaden zugehe. **Streit der Facultäten. S. 50.**

Gemeinsinn.

Gemeinsinn, (Common-Sens) schlichter, gerader, gesunder Menschenverstand ist leider jetzt fast selten. Sensus communis non est vulgaris, nec ubique obvius. **Anthropolog. S. 15, 22.** Vielmehr wird von der Foule öfter gerade die Krankhaftigkeit, ja auch sogar die gänzliche Geisteslosigkeit selbst für Gesundheit des Verstandes ausgegeben. **Crit. d. reinen Vernunft. S. 495.**

Geschmack für das Schöne.

Der Geschmack für das Schöne läßt sich wohl cultiviren, wo er vorhanden ist, nimmermehr aber erwerben, wo er nicht vorhanden ist; d. h. wo die Natur Jemand das Kunstgefühl, ihr freyes und höchstes Geschenk versagt hat. — Deswegen lobt man, wer

Geschmack hat, und bedauert, dagegen denjenigen, dem er bei seiner übrigen Bildung und Verdiensten mangelt. Ueber das Schöne und Erhabene. Kl. Schriften. Band II. S. 323. 324.

Gesundheit des Verstandes.

Wird von der Foule öfter seine **Krankhaftigkeit**, ja gerade die gänzliche Geistesverlassenheit selbst genannt. S. Critik d. reinen Vernunft. S. 495. 2te Aufl.

Gott.

Da es über die Gränzen der möglichen innern oder äussern Erfahrung hinaus keine Erkenntniß giebt noch geben kann, gleichwohl aber jeder Mensch der zum Gebrauch seiner Vernunft gekommen ist, unmittelbar von der Wirklichkeit und Lebendigkeit Gottes überzeugt seyn muß: folgt dann nicht offenbar, daß Gott nicht etwa jenseits aller Wirklichkeit und Erfahrung sey; (denn wir finden ihn ja unmittelbar in uns, so wie uns in ihm:) sondern daß er vielmehr zugleich dasjenige incognitum = x seyn müsse, das aller Wirklichkeit und Erfahrung selbst, (als ihre Quelle sowohl als ihr Urheber,) zum Grunde liegt, und liegen müsse. Gegen Eberhard. S. 117. 119.

Gott schlechthin nur als das absolute, oder als das allerreellste Wesen unter pur lautern ontologischen Prädicaten zu concipiren, giebt einen schälen Deismus, der zu nichts nützet, und worauf sich keine Religions = oder Sittenlehre bauen läßt. — Man muß Gott Persönlichkeit, Verstand und Willen, nur freilich einen übermenschlichen Verstand und Willen beilegen. Crit. der rein. Vern. S. 174.

Großthaten, sittliche.

Edle Handlungen aus Grundsätzen, und mit kaltem Blute vollführt, waren immer selten: denn diejenigen unter den Menschen, die nach Grundsätzen zu Werke gehen, sind und waren immer die wenigsten. Von dem Schönen und Erhabenen. S. kl. Schr. Band II. S. 326.

Eine Handlung der Rechtschaffenheit und des Edelmuths also dargestellt, wie sie frey von aller Absicht auf irgend einen nahen oder entfernten Vortheil, selbst unter den größten Versuchungen der Noth und der Anlockung zum Gegentheil, mit standhafter Seele ist ausgeübt worden, reißt unmittelbar zur Bewunderung hin, wie man selbst an Kindern von mittlern Alter beobachtet. **Grundleg. zur Metaphysik d. Sitten. S. 34.**

Gutachten
der hohen Schulen sind oft nur das Ergebniß einer getroffenen Verabredung durch versatile Wortdeutungen der Entscheidung einer schwierigen Frage auszuweichen, ohne sich selbst zu compromittiren. **Träume eines Geistersehers, kl. Schr. II. 384.**

H.

Heuchelei.

Die Heuchelei in wissenschaftlicher Hinsicht ist allemal höchst schädlich, und hält die

Verbreitung des Lichtes ungemein auf. — Denn was kann den Einsichten nachtheiliger seyn, als seine Gedanken an Andere verfälscht mitzutheilen; Zweifel, die wir gegen unsere eigenen Behauptungen fühlen, zu verhehlen; oder Beweisgründen, die uns selbst nicht genug thun, einen Anstrich von trüglicher Evidenz zu geben? Crit. d. rein. Vern. S. 777.

Selbst etwas für gewiß ausgeben, wovon man sich selbst nicht überzeugen kann, ist eine Heuchelei vor Gott. Religion. S. 276.

J.
Irrthümer.

Ein bloßes Nichtwissen giebt noch keinen Irrthum; es seye denn jenes Nichtwissen mit dem Wahne des Wissens, und zwar des vollständigen verbunden. Ueber die Evidenz in der Metaphysik, kl. Schr. II. 301.

Unwissenheit beschränkt das Wissen, aber

fälscht es nicht. Vom logischen Orien=
tiren, kl. Schr. III. 283.

Jugend.

Jugend kann nicht Philosophie, sie kann und soll nur philosophiren lernen. Sie kann nicht Philosophie lernen: denn die ist allgemein nicht mittheilbar durch äußern Unterricht; sie kann und soll aber doch philosophiren lernen: denn den Weg zur Vernunft=Einsicht sich zu erheben, kann man sie allerdings lehren, und soll es auch. Samml. vermischter Schrift. (1807). S. 59.

K.

Kind.

Der erste Beweis der erwachenden Ver= nunft im Kinde ist, wenn es nun von sich selbst in der ersten Person als von einem Ich zu sprechen anfängt.

Die zweite Aeußerung der Vernunft ist der Geschmack, das uneigennützige Wohl=

gefallen am Schönen, weil es schön ist, aus freyer Gunst schlechthin: dieser Geschmack ist ein Analogon des Tugendsinnes, der Lust hat am Sittlichguten unmittelbar weil es gut ist, und schlechthin also seyn soll.

Die dritte Aeußerung der Vernunft endlich ist die logische und teleologische Urtheilskraft, sich aussprechend durch die den Kindern so gewöhnlichen Fragen: woher und warum etwas seye, wozu es diene, und was daraus werde, oder doch werden möge? Anthropolog. S. 4. 163.

Kind und Erwachsene.

Wovon man als Kind schon Vieles zu wissen wähnt, davon kann man meistens sicher seyn, späterhin und im Alter nicht das Geringste zu verstehen. Träume eines Geistersehers. Kl. Schriften. II. 385.

Klugdenken,

ist meistentheils eine leichte Sache; — aber leider nur nachdem man sich eine Zeit lang hat hintergehen lassen. Träume

eines Geistersehers. Kl. Schriften.
II. 467. 468.

Klügeln.

Klügeln heißt noch nicht Verstand haben, und ein Bon=mot sagen, heißt noch nicht Vernunft beweisen. Anthrop. S. 119.

Können.

Was der Mensch will, das kann er; vorausgesetzt, daß er nur wolle, was er soll, und folglich auch können muß durch Gott, und mit Gott. Anthropol. S. 38.

Körperwelt.

Die auffallendste Bestätigung, daß auch die Körperwelt nach Ideen geschaffen sey, gewährt die durchgängige Zweckmäßigkeit derselben, und daß überall nichts absolut Schädliches in der Natur uns aufstoße. Critik d. rein. Vern. S. 771.

Kriecherei.

Wer sich selbst unter seines Gleichen zum Wurm macht, da ihn doch Gott zum Menschen schuf; muß sich nicht wundern, wenn man ihn nachher als Wurm behandelt, und unter die Füße tritt. **Tugendlehre. S. 98.**

L.

Lachen.

Die Kunst, vernünftige Leute absichtlich lachen zu machen, ist heut zu Tage unter uns ziemlich rar geworden: denn der Witz, oder die Originalität der Laune, die dazu erfordert wird, ist eben so selten, als häufig das Talent vorkömmt, kopfbrechend wie mystische Grübler, halsbrechend wie zügellose Genie's, oder herzbrechend wie empfindsame Romanen-Verfasser, zu dichten, zu schreiben, und zu reden. **Crit. d. Urtheilskr. S. 225.**

Leidenschaft

ist ein anhaltender Wahnsinn, der je länger er gehegt wird, desto tiefer sich einnistet. **Anthrop. S. 24. S. oben Affekt.**

Lernen.

Ob es gerathen sey, und den Schulen

und Erziehungs-Instituten zusage, allerlei, und fast alles mögliche lehren und lernen zu lassen: weil man doch nicht wissen könne, was irgend ein Individuum in seinem Leben einmal brauchen werde? — Ich habe nichts gegen das Vieles und Allerlei, wenn nur darüber das Eines gründlich lernen nicht vernachlässiget wird. **Grundl. zur Metaphys. d. Sitten. S. 41. f.**

Leserei.

Ein Autor, der weder den Neugierigen durch interessante Nachrichten, noch den Forschenden durch gewichtige Vernunftgründe befriedigt, hat Zeit und Mühe verloren, und das Zutrauen des umsonst hingehaltenen Lesers mißbraucht. **Träume eines Geistersehers. Kl. Schriften. II. 468.**

Der Autor ist übel daran, den seine Leser in dem vornehmsten Punkte nicht verstehen, oder wohl gar mißverstehen, weil sie seinen Geist nicht fassen, noch begreifen, und daher auch seinen Worten nicht glauben,

sondern sie verlachen. Aber auch der gut=
müthige Leser ist zu bedauern, der nach einem
Geiste forscht, wo keiner zu finden ist. S.
Träume eines Geistersehers. Kl.
Schriften. II. 388.

Leserei, müßige.

Unsre Lesewelt wird durch ephemere Schrif=
ten, die für Philosophie, für Poesie, und
für Geschichte gleich Null sind, immer im
Appetit und sogar im Heißhunger erhalten;
und dennoch ist diese Leserei im Grunde nichts
als ein geschäftiger Müßiggang, wodurch die
Köpfe der meisten Leser immer wüster, lee=
rer und verwirrter werden. Critik der
rein. Vern. 2te Aufl. Vorr. XLIII.

Lieben und sich verlieben.

Es ist ein merklicher Unterschied zwischen
lieben und sich verlieben: Wer liebt,
kann wohl und hellsehend bleiben; ein Ver=
liebter hingegen wird unvermeidlich für die
Fehler des geliebten Gegenstandes blind.
Anthropol. S. 206.

Lügen.

Etwas anders sagen, als man selbst für wahr hält, ist allemal schändlich, und des Menschen schlechthin unwürdig: denn es zeigt Feigheit und Falschheit zugleich, und macht das einzige Communications = Mittel der Gedanken = Mittheilung, die Rede, unzuverlässig. Tugendlehre. S. 84.

M.

Mathematische Methode.

Die Nachahmung der Methode des Mathematikers, der auf einer wohlgebahnten Straße sicher einherschreitet, auf dem schlüpfrigen Boden der Metaphysik, hat eine Menge Fehltritte verursacht. Der Mathematiker kann die Definitionen als allgemein bekannt voraussetzen; der Philosoph muß sie erst suchen, und dann beweisen. S. Beweisgrund für das Daseyn Gottes. Kl. Schriften. II. 159.

Mensch.

Der Mensch ist die sichtbare Darstellung

Gottes, von Seiten der Freyheit und des Selbstbewußtseyns. — Es genügt also nicht, ihn blos spekulativ und physiologisch, man muß ihn auch praktisch, psychologisch und theologisch erfassen. **Physikal. Geogr.** I. 1. S. 5.

Menschenverstand.

Einen geraden und schlichten Menschenverstand zu haben, ist allerdings eine große und schätzbare Gottesgabe. Allein man muß ihn auch thatsächlich durch das Ueberlegte, was man denkt, sucht, und thut, beweisen; nicht aber daß man sich denselben durch schlechten Selbstruhm nur so gerade hin beilegt, und auf denselben als ein Orakel sich beruft, wenn Einsicht und Wissenschaft auf die Neige gehen. Denn auf diese Weise könnte leicht der schaalste Schwätzer mit dem gründlichsten Denker es aufnehmen. **Prolegom.** S. 11. 13. 195. S. oben Gemeinsinn.

Metaphysik.

Kant gesteht von sich selbst: „Ich habe

das Schicksal in die Metaphysik verliebt zu seyn; ob ich mich gleich von ihr nur selten einiger Gunstbezeugungen rühmen kann." Träume eines Geistersehers. Kl. Schriften. II. S. 468.

In der Metaphysik kann man nur durch unmittelbares augenscheinliches Bewußtseyn diejenigen Merkmale auffinden, die gewiß im Begriffe irgend einer Sache liegen. Ueber die Evidenz in d. Metaphysik. Kl. Schriften. II. 499. 500.

Mutterwitz.

Der Mutterwitz ist in Entscheidung concreter Fälle oft sicherer, als der Schulwitz; bei abstrakten Forschungen hingegen gilt freilich das Gegentheil. Anthropologie. S. 23.

N.

Noth.

Noth hat freilich kein Geboth; aber es kann doch keine Noth geben, die was an sich unrecht ist, gesetzmäßig machte.

Was also aus unwiderstehlicher Noth geschieht, kann freilich von dem äußern Richter nicht gestraft werden; bleibt aber wenn es an sich unrecht war, gleichwohl sündhaft vor Gott. Rechtslehre. Vorrede. S. XLIII.

O.

Ordnung.

Es ist schlimm mit einem Autor zu thun zu haben, der keine Ordnung kennt: noch schlimmer aber mit dem, der eine Unordnung erkünstelt, um seichte und falsche Sätze unvermerkt durchschlüpfen zu machen. Gegen Eberhard. S. 8.

P.

Philister.

Wer eines rein=uneigennützigen Wohlgefallens am Guten und Schönen durchaus unfähig ist, wird billig mit diesem Namen gebrandmarkt. — Für einen solchen ist nichts schön, außer was einträglich ist, und nichts gut, was kein Stück Geld einträgt. Tugendlehre. S. 107.

Philosoph.

Ein Gottes= und Weltweiser ist wesentlich ein Wissenschaftskundiger.

Einen schulgerechten Philosophum per artem, erkennt man vorzüglich an der Consequenz, d. i. an der Folgerichtigkeit seines Systems oder Lehrgebäudes. Die alten griechischen Philosophen geben uns hiervon mehrere Beispiele, als wir in unsern jetzigen eklektischen, und in sich selbst zerspaltenen Zeitalter aufweisen können, wo nur Coalitions=Systeme widersprechender Grundsätze voll Unredlichkeit und Seichtigkeit zum Vorschein kommen, die sich drehen lassen, wie jeder will. Crit. der prakt. Vernunft. S. 44.

Allein der ächte Philosoph, der nicht blenden, noch imponiren will, setzt seinen Ruhm nicht in die windige Höhe von leeren Phrasen, die vieles zu sagen scheinen, und nichts bedeuten; sondern in die unscheinbare Tiefe, wo allenfalls für die Nicht = Philosophen Dunkel herrschen mag. Prolegom. S. 204. Anmerk.

Philosophie.

Das Motto der Philosophie ist: „Alles ganz, nichts halb zu wissen und zu thun;" und die Quelle jedes Wissens und Erkennens in der Vernunft selbst aufzusuchen und nachzuweisen. Crit. der rein. Vern. Vorr. XXIV.

Da es nun, objektive betrachtet, nur eine einzige Vernunft giebt, und geben kann; so ist auch nur eine einzige wahre Philosophie als ein vollendetes System der Wissenschaft aus Vernunft = Principien möglich.

Arten und Weisen zu philosophiren hingegen kann und muß es sogar viele und verschiedene geben; indem das eine Universum in verschiedenen Men=

schenköpfen auf verschiedene und mannigfaltige Weise sich abspiegelt. l. c.

Philosophiren.

1) Wann man anfangen soll philosophiren zu lernen? Die Frage klingt beinahe läppisch, wenn philosophiren überhaupt sich zur Vernunft-Einsicht erheben heißt. Denn dann würde die Frage heißen: wann man anfangen soll, die Vernunft-Einsicht auszubilden?

Die Antwort ist dann einleuchtend: daß man niemal zu frühe, leicht aber zu spät damit anfangen möchte, den Menschen zur Weisheit nicht zur Klügelei und zum Raisonnement anzuführen. Da es immer schwer ist, wenn die Einsicht etwas zu spät kömmt, sie in den Gang zu bringen; und die Erwerbung und Einübung der Weisheit wie der Tugend immer mißlicher wird, je länger man damit zaudert. Prolegomen. S. 5. 6.

2) Wie man am besten und geschwinde-

sten philosophiren lerne? — Nicht auf den Schulbänken durch Vorlesungen, weder für sich allein durch Privat=Lectionen; sondern durch vertraulichen Umgang mit Philosophen, und durch Lehrgespräche, die zum Selbst= denken anleiten und veranlassen, ja nöthigen." **Schulprogramm vom J. 1765 in den vermischten Schriften. Königsb. 1807. S. 60.**

Planemachen.

Planemachen ist mehrmalen nur eine üp= pige prahlerische Geistes=Beschäftigung, da= durch man sich ein Ansehen von schöpferi= schen Genie giebt, indem man von andern fordert, was man selbst nicht leisten kann, und an andern tadelt, wofür man doch nichts besseres zu geben hat, oder vorschlägt, wovon man selbst nicht weiß, wo es zu finden, oder aufzutreiben seye. **Prolegom. S. 19.**

Prediger.

Leider werden unter unsern Zeitgenossen der Männer immer weniger, die an der heiligen Stätte mündlich, oder vor dem großen Publikum schriftlich als gute, und zugleich als beredte Männer (viri boni, atque in arte bene dicendi periti) als Sachwalter der Religion und Tugend mit Weisheit und Anstand, die beide zum guten Erfolge nothwendig sind, auftreten, die mit klarer und gründlicher Einsicht zugleich auch die Sprache nach ihrem Reichthum und Reinheit in ihrer Gewalt haben, und bei einer fruchtbaren Einbildungskraft mit lebhaftem Herzensantheil für das Gute aus inniger Ueberzeugung sprechen. Critik der Urtheilskraft. S. 215.

Politiker.

Die Politiker als Welt- und Staatsmänner verachten zwar insgemein die Schulgelehrten als Pedanten, aber mit Unrecht; da sie ihrer doch nicht entbehren können. Denn ist gleich die Theorie ohne Praxis leer, so ist dagegen auch die Praxis ohne Theorie blind. Theorie und Praxis. Kleine

Schrift. Band III. S. 423. Zum ewigen Frieden. S. 1. in d. kl. Schrift. Bd. IV.

Nicht minder schädlich ist es, daß die Politiker so gerne sich eine eigne Moral nach dem Grundsatze des pragmatisch-nützlichen machen, und nicht einsehen wollen, daß doch ehrlich am längsten währt. Der Gränzgott nämlich der Moral (Deus Terminus) weicht auch nicht einmal dem Gotte der höchsten Gewalt, ne summo quidem Jovi; außer etwa höchstens auf eine Zeitlang und ad interim. Zum ewigen Frieden. S. 61.

R.

Raisoniren.

Raisoniren sollen und dürfen Gelehrte unter sich und vor ihrem Publikum über Alles; nicht aber Rumoren, vor dem ungelehrten gemischten Volkshaufen; und noch weniger eigenmächtig reformiren, und über die bestehende gesetzliche Ordnung der

Dinge sich faktisch hinwegsetzen. — Was ist **Aufklärung?** in den klein. Schriften. Band III. S. 167 f. S. auch oben **Gelehrte.**

Rechtssinn.

Daß dem Menschen ein Sinn des Rechts und der Freyheit schon ursprünglich angeboren sey, beweist die gemeine Beobachtung, daß wenn die Jungen der Thiere frühzeitig mit einander spielen, die des Menschen frühzeitig mit einander zanken, weil Jedes recht zu haben vermeint, und sein Recht und seine Freyheit, so gut es kann, behaupten will. Anthropol. S. 232. Anmerk.

Recensentenkünste.

Die vorzüglichsten Recensentenkünste, ihrem Gegner ein Bein unterzuschlagen, und dem Publikum Sand in die Augen zu streuen, sind:

a) keine Ordnung zu halten; —

b) etwas anders zu beweisen, als wovon die Frage war; —

c) unbestimmte Ausdrücke vorsätzlich zu

gebrauchen, um Armseligkeiten als wichtige Dinge darzustellen; —

d) bei dem Gegner vorauszusetzen, was dieser nimmermehr behauptete; noch aus seinen Worten unmittelbar folgt; —

e) seine eignen Gegenbehauptungen immer nur en gros., nimmermehr aber en detail, und nirgends mit einigen Erläuterungen vorzutragen, um keine Blößen zu geben.

Gegen Eberhard. S. 5 — 7 und Prologomen. S. 208.

Religion.

Wie es nur **einen Gott, einen Himmel, und eine Hölle, und lein Gewissen** giebt, so kann es auch überall und für alle Zeiten und Völker nur **eine Religion** geben: und es ist nicht minder widersinnig von einer Verschiedenheit der wahren Religion, als von einer Verschiedenheit der Philosophie oder Ethik reden.

Nicht die Religion, aber wohl die historischen Traditionen, und die Culte mögen

verschieden seyn. Zum ewigen Frieden.
S. 57.

S.
Schöpfung der Welt.

Das Feld der göttlichen Offenbarung, das dem ungeachtet Gott mit einem einzigen Blicke als ein Ganzes übersieht, muß so unendlich seyn, als seine göttliche Macht und die Fülle seiner Kräfte selbst. Die Weltschöpfung ist daher nach der Auffassung des Werdens für den endlichen Verstand nie zu vollenden, d. h. sie kann und wird niemal aufhören. Denn immerfort werden neue Natur=Scenen, und mit ihnen neue Erzeugungen aus dem unendlichen Reiche der Möglichkeit in der Wirklichkeit hervortreten. Allgemeine Naturgeschichte und Theorie des Himmels. Kleine Schriften. 1. 399—407.

Schriften, verderbliche.

Die studirende Jugend von der Verführung ruchloser Schriften dadurch verwahren zu wollen, daß man sie eine Zeitlang unter Vormundschaft setzt, kann wenig helfen: da jene Vormundschaft doch nicht ewig dauern kann; und man dennoch einmal manumittiren muß. Denn wenn nun in der Folgezeit Neugierde oder der Modeton des Zeitalters einem Jünglinge dergleichen Schriften in die Hand führen, wird er nicht glauben, daß er nicht besser zeigen könne, daß er der Kinderzucht entwachsen sey, als wenn er sich über jene wohl gemeinte Warnung hinwegsetzt: und werden ihn dann die Scheingründe jener Schriften, die für ihm neu sind, und von denen man ihn bisher nichts gesagt hatte, nicht um so mächtiger ergreifen, als sie den Verdacht in ihm erregen müssen, man habe ehemals seine Leichtgläubigkeit mißbraucht, und ihm die Streitfrage nur von einer Seite dargestellt.

Man verschweige also auch der Jugend die Einwürfe der Irreligionairs nicht, sondern suche sie vielmehr dagegen vorzubereiten und zu bewahren. Crit. d. rein. Vern. S. 782.

14

Schüler.

Der Schüler, der von einem gegründeten, obwohl noch nicht ganz entwickelten Gedanken seines Meisters anfängt, kann und wird bei fortgesetztem Nachdenken weiter kommen als der Meister selbst; — wiewohl er aus Ehrlichkeit und Dankbarkeit immer gestehen wird, daß er jenem den ersten Funken verdanke. Prolegomen. S. 15.

Schulgezänk.

Beim Schulgezänk haben gewöhnlich beide Theile alsdann am meisten jede für sich zu sagen, wenn sie von dem Gegenstande des Gezänks gar nichts verstehen, und darüber mit sich selbst noch gar nicht im reinen sind. Träume eines Geistersehers. Kleine Schriften. II. 397.

Selbstvertrauen.

Ein gewisses edles Selbstvertrauen in seine eignen Kräfte zu setzen, ist dem Wahrheitsforscher nicht unnütz. Eine Zuversicht von der Art belebt seine Bemühungen, und ertheilt ihnen einen Schwung, welcher die Untersuchung immer weiter vorwärts treibt, und nie ruhen läßt, so lange noch etwas zu entdecken ist. Schätzung der lebendigen Kräfte. Kl. Schriften. I. 8.

Sinnenbetrug.

Weder die äußern noch die innern Sinne triegen uns jemal: denn ihre Schuld ist es wahrlich nicht, wenn ihre Aussagen der Wirklichkeit der Wahrnehmung von dem trägen und zu wenig reflectirenden Verstand mißdeutet werden. Prolegom. S. 65. 66.

Sittenlehre.

Wie die Religion, so ist auch die ihr entsprechende Ethik oder Sittenlehre; das Princip der barbarischen Sittenlehre ist Naturfreyheit, das der Griechen war Klugheit beim Aristipp, und Weisheit bei Zeno, bei den Christen soll und muß es nach dem Evangelium Heiligkeit und Gottesähnlichkeit seyn. Critik d. prakt. Vern. S. 230.

Sittenlehrer.

Leider ist jedoch nicht jeder Sittenlehrer der Kirchen= und Schulkanzel selbst allemal ein sittlicher und gesitteter Mann in seinem eigenen Leben und Wandel; denn ein anderes ist Wissen, und ein anderes ist Thun. Crit. d. prakt. Vern. S. 230.

Skeptiker.

Der Skeptiker ist in der Philosophie ein Nomade ohne bestimmte Heimath. Vorrede zur ersten Ausgabe der Vernunft=Critik.

Er setzt das Schifflein der Vernunft auf den Strand, wo es liegen bleiben, und verfaulen muß. Der Wissenschaftskundige hingegen ist ein Steuermann, mit einer vollständigen Seekarte und einem richtigen Compaß versehen, der das Schifflein der Vernunft dahin zu führen versteht, wo es hin soll. Prolegomen. S. 17.

Sophistik

ist die Kunst, seiner Unwissenheit; ja auch

seinen vorsätzlichen Irrthümern und Blendwerken den Schein der Wahrheit zu geben, indem man die Gründlichkeit der wissenschaftlichen Methode nachahmt, und eine viel gewandte Topik zur Bescheinigung ihrer leeren Nichtigkeit, oder selbst erkannten Unwahrheit künstlich, jedoch betrügerisch benützt. Crit. der rein. Vern. S. 85. 86.

Spiele.

Ein Spiel ist Thätigkeit und Beschäftigung zur bloßen Lust, ohne andern Zweck, als diese Lust selbst. Auch die Beschäftigung mit freyen Künsten, oder mit Wissenschaft und Lectüre ist also ein Spiel, und zwar das schönste und beste. Nicht umgekehrt jedoch verdient jedes Spiel unter die schönen und freyen Künste gezählt zu werden.

Vorzüglich verdient die chorische Musik ein schönes und freyes Spiel zu heißen, dieweil sie den Körper und die Seele zugleich beschäftiget und unterhält, und die Geselligkeit befördert. Crit. d. Urtheilskr. S. 220.

Sprachneuerung.

Neue Worte zu künsteln, wo die Sprache an Ausdrücken für gegebene Begriffe keinen Mangel hat, ist eine kindische Bemühung; wer hingegen neuerfundene Begriffe vorzutragen hat, wird wohl auch auf neue Worte sinnen müssen, sie auszusprechen, falls die geläufigen populären Ausdrücke und Redensarten hierzu nicht geeignet seyn, oder diesen Begriffen wohl gar widerstreiten sollten. Critik d. prakt. Vern. S. 19. 20.

Staat.

Der Staat als Rechts = und Sicherheits =, dann Wohlfahrts = und Cultur = Anstalt ist das größte und schwerste Problem für die Menschheit, dessen Auflösung zu suchen die vernünftige Natur selbst uns zwingt.

Ob je eine vollkommene Auflösung dieses Problems werde gefunden werden, ist nur Gott bekannt. Ideen zur Geschichte d. Menschheit. III. Bd. d. kl. Schrift. S. 141.

Staatsverfassung.

Daß alle unsere heutigen Staaten, so wie sie in der Wirklichkeit bestehen, durchaus noch keine rein=vernünftige Verfassung haben, erhellet schon aus der großen Menge der häufig einander widersprechenden bürgerlichen Gesetze, und aus den ewigen Veränderungs= und Reformations=Versuchen, der Gesetzgebung und Organisirung der verschiedenen Zweige der Verwaltung. **Critik der rein. Vernunft. S. 359.**

Wenn so Viele Pope's Weitspruch wiederholen: „daß nämlich nur Thoren über die beste Regierungsform streiten können, weil nämlich immer doch nur die bestgeführteste die beste ist," braucht man nur an Titus und Marc=Aurel zu erinnern, die vortreffliche Regenten waren, aber eben weil die Verfassung nichts taugte, unmittelbar einen Domitian und Commodus zu Nachfolgern hatten. **Zum ewigen Frieden. S. 26.**

Staatswohl.

Was will und erwartet das Volk, daß ihm die Staats= und Kirchengewalt gewähren soll, welche es über sich anerkennet, und von der es sein Heil erwartet?

Es will nämlich nach dem Tode selig, im Leben aber und im Verkehr des Handels seiner Person und seines Eigenthums sicher, und bei einem fröhlichen Lebensgenuß dennoch langwierig und dauerhaft gesund seyn. — Dafür sollen die Gelehrten der drei obern Facultäten, die der Staat und die Kirche unmittelbar in Pflicht nehmen, sorgen. Streit d. Facultäten. S. 31.

T.

Thorheit und Verstand

haben so undeutlich bezeichnete Gränzen, daß man schwerlich in dem einen Gebiethe lange fortgeht, ohne einen kleinen Streif in das andre zu thun, ohne es einmal selbst gewahr zu werden. Träume eines Geistersehers. Kl. Schriften. II. 450.

Titulaturen der Fürsten.

Die hohen Benennungen eines Gesalbten, und eines Stellvertreters der Gottheit können einen verständigen Fürsten, dem sie beigelegt werden, sogar nicht hoffärtig machen, daß sie ihn vielmehr in seine Seele demüthigen; indem ihm dabei einfallen muß, daß er ein Amt übernommen habe, daß für einen Menschen zu groß ist; nämlich die Verwaltung des Heiligsten was auf Erden seyn kann, und seyn soll, d. i. des Rechts und der Gerechtigkeit. S. kl. Schriften. Bd. IV. S. 24. Zum ewigen Frieden.

Auch sagt der Titel: „Wir von Gottes Gnaden," nicht etwa einen Geschichtsgrund, sondern nur allein die Vernunft-Idee aus, daß alle rechtmäßig bestehende Obrigkeit von Gott seye. Rechtslehre. S. 174.

Ton, der vornehme.

Ueber den vornehmen Ton in der Philosophie s. oben Einbildungskraft.

Ton, der sanfte.

Ein sanfter doch fester Ton geziemt demjenigen, der die überwiegenden Gründe für sich hat. Gegen Eberhard. S. 68.

Tugend in der Vollkommenheit der Idee.

Tugend in der Vollkommenheit der Idee verdient nur jene Thathandlung zu heißen, die aus dem Bewußtseyn der Schönheit und Würde der menschlichen Natur, wenn sie dem ursprünglich uns angeschaffenen Ebenbilde Gottes gleicht, entweder aus Grundsätzen, oder wie durch einen glücklichen Instinkt hervorgeht. Jene ist solider, diese liebenswürdiger. Ueber das Schöne und Erhabene. S. kl. Schrift. II. Bd. S. 309.

Die Furcht, daß jemand wohl gar zu tugendhaft seyn, oder werden möchte, ist gerade so lächerlich und eitel, als wenn jemand fürchtete, daß ein Cirkel gar zu rund, oder eine Linie gar zu gerade werden möchte. l. c.

Tugend in der Erscheinung.

Die Tugend in der Erscheinung als ein=

zelne Tugendhandlung mag wohl auch zugleich mit dem sittlich=bösen, (wenn dieses nur nicht ejusdem speciei mit der angeblichen Tugend ist) in einem und demselben Subjecte zugleich vorhanden seyn.

Die Tugend in der Erscheinung mag auch durch bloße äußere Motive, durch Gewohnheit oder fremde Einwirkung u. s. w. erzeugt seyn; wenn hingegen von Tugend in der Idee die Rede ist, dann muß man alle die Fragen: „Ob mehrere oder nur eine Tugend seye; ob sie wachsen oder abnehmen möge; ob sie allgemein lehrbar, und der Mensch für sie oder das Laster von Natur aus indifferent seye?" mit rigoristischer Bestimmtheit verneinen. Religion. S. 11.

Tugend als Grundton des Lebens.

Tugend als Grundton des Lebens ist Geradheit und Stärke des Charakters; Krummheit und Schwäche desselben ist Untugend. Tugendlehre. S. 4. 10. 21.

Alle Tugend abläugnen, um zu machen,

daß niemand mehr an ihre Realität glaube, ist Hochverrath an der Menschheit. Anthropolog. S. 45.

U.

Uebel.

Die drei charakterischen Uebel oder Gebrechen unsers Zeitalters sind:

1) die überhand nehmende Frivolität und Oberflächlichkeit im Wissen und Handeln;

2) die eitle Aufklärung in der Religion;

3) der crasse Syncretismus in der Wissenschaft, der aus allen Systemen borgt, um in alle Sättel gerecht zu seyn. Critik d. rein. Vern. Vorr. S. XLIII.

Unbegreiflichkeit, vielfache, der Natur, und gegentheilige Begreiflichkeit des Uebernatürlichen.

Es klingt nur paradox, kann aber einem Nachdenkenden nicht befremdlich seyn, daß in der Natur uns vieles unbegreiflich ist, dagegen uns alles begreiflich wird, sobald wir uns über die Natur erheben. Denn dann verlassen wir ja die Gegenstände als gegebene, endliche und erscheinende, die allein unbegreiflich sind, und beschäftigen uns blos mit den Ideen, deren Wahrheit der Vernunft, deren Anschauungen sie ja sind, gar sehr begreiflich sind. Prolegom. S. 161.

Urtheilskraft, die praktische.

Ueberall und jedesmal genau zu wissen, nicht nur was nach der Amtsvorschrift geschehen soll, sondern wie diese Vorschrift nach dem Sinn und Geiste ihres eigenen Buchstabens in diesem concreten Falle zu interpretiren, zu ergänzen und zu berichtigen seye, ist für jeden ausübenden gelehrten Geschäftsmann das Wichtigste und Unentbehrlichste. Denn den Mangel dieser praktischen Urtheilskraft kann keine Schule noch Belesenheit ersetzen. Crit. d. rein. Vern. S. 172.

V.

Verbindung zwischen Leib und Seele.

Derjenige Leib, dessen Veränderung ich selbst, oder was eines ist, meine Seele als meine Veränderungen empfindet, ist mein Leib, und zugleich mein Ort. Denn ich bin ja da, wo ich empfinde; ich empfinde aber eben sowohl in der Fingerspitze und in der Ferse wie im Kopfe: ganz bin und lebe ich also im ganzen Leibe, und ganz in jedem seiner Theile, durch unmittelbare Allgegenwart als in einer Sphäre meiner Wirksamkeit; aber nicht zufolge einer räumlichen Ausdehnung, da ein denkendes Wesen nicht Theile außer Theile haben kann. Träume eines Geistersehers, kl. Schriften. II. S. 393—395.

Vernunft.

Vernunft ist das Bewußtseyn der uns von Gott ursprünglich eingebildeten Wahrheiten. — Das Bewußtseyn dieser Wahrheiten ohne Begriff heißt Instinkt, Vernunftsinn, oder Gefühl des Ewigen; sich selbst begreifende Vernunft heißt Wissenschaft oder Weisheit, (intelligentia sive sapientia). Critik der rein. Vern. S. 677.

Vernunft-Ansprüche.

Für die Leute vom gemeinen Haufen kann es gut seyn, die Ansprüche der speculativen Vernunft zu mäßigen, denn für den gemeinen Mann gilt allerdings der Spruch: „Du mußt nicht alles wissen!" — Aber schädlich und schändlich würde es seyn, wenn die Philosophen selbst den Anspruch auf das Wissen alles Wißbaren je aufgeben, und also dem Menschen die wichtigsten Aussichten, über diese Sinnenwelt und Zeitlichkeit hinaus noch etwas zu erkennen und zu wissen, als schlechthin unmöglich ganz abschneiden wollten. Prolegom. S. 9. Anmerk.

Vernunft, die synthetisirende.

Die synthetisirende Vernunft ist übrigens so baulustig, daß sie mehrmal schon einen

Babylonischen Thurm aufzusetzen sich unterstand, ehe und bevor sie noch das Fundament untersucht hatte, welches diesen Thurm unterstützen und tragen sollte. Proleg. S. 5.

Verstand.

Der Verstand, der denken, die Sinne controlliren und die Einbildungskraft zügeln soll, darf niemal schwärmen, sondern soll immer mit Nüchternheit sein Amt verwalten. Prolegomen. S. 108.

Verstehen.

Einen Philosophen zu verstehen, ist für die, welche keinen eigenen Verstand mitbringen, oder ihn nicht zu brauchen und anzuwenden wissen, oder Lust haben, eine rein unmögliche Sache. Gegen Eberhard. S. 158.

Vorhersagungen.

Alle sichere und zuverlässige Vorhersagungen und gleichsam Anticipationen der natürlichen Zukunft aus den Beobachtungen und Erfahrungen der Gegenwart und Vergangenheit gründen sich allein auf die erkannte durchgängige Vernunft- und Zweckmäßigkeit der Natur. Die Vorhersagungen hingegen aus der bloßen Erwartung ähnlicher Fälle reichen nie weiter, und geben keine größere Zuverlässigkeit als etwa die Wetterprophezeihungen nach den sogenannten Bauernregeln, die wenn sie etwa einmal eintreffen, gelobt, und wenn sie dann einmal falliren, bald wieder vergessen werden. Anthropolog. 98.

W.

Wahrheit.

Die Frage, was Wahrheit ist? ist so gar nicht vom Bereiche, d. i. von der Competenz der Sinne und des gemeinen Verstandes, daß sie vielmehr das Kreutz ist, womit man die bloßen formalen Logiker in die Enge treiben kann, so daß sie entweder auf einer elenden Dialexis sich betreten lassen müssen, oder gezwungen sind, ihre Vermessenheit und folglich die Eitelkeit ihrer ganzen

Kunst einzugestehen. Critik der reinen Vernunft. S. 82.

Wahrheiten, angeborne.

Die angebornen Wahrheiten, worauf sich so mancher eben so vornehm als wohlfeil beruft, möchten wohl auch lügenhafte Vorurtheile seyn; denn woher weiß man denn so zuverlässig, (da doch jeder Mensch einen ursprünglichen Lügner in sich trägt,) was etwa von Gott, und was von dem Lügengeiste kömmt? — offenbar doch wohl nur a posteriori, ex fructibus. Prolegomen. 112. 113.

Wahrsagen.

Vorhersagen, Wahrsagen und Weissagen verhalten sich zusammen wie Natürliches, Krankhaftes und Uebernatürliches. Das erstere geschieht bei wachen Sinnen und gesundem Verstande gemäß den Gesetzen der Erfahrung; das zweite geht aus dem krankhaft-erregten Gemüthe, jetzt im wachenden, jetzt im schlafenden Zustande hervor, und überfliegt manchmal die Gränzen der gemeinhin möglichen Anticipation; das dritte ist, nach den Mystikern, Folge eines göttlichen Raptus, und reicht ins schlechthin Unendliche und Unbegränzte. Anthropologie S. 101..

Wegsehen von Fehlern.

Das Wegsehen von Fehlern, wenn die Hauptsache gut ist, ist nicht allein billig, sondern auch klüglich gehandelt. Anthropolog. S. 11.

Weiser, ein praktischer.

Ein praktischer Weiser in seinem Stande sollte eben ein jeder Mensch ohne Unterschied und Ausnahme seyn. Leider aber sind es jedoch nicht einmal alle Philosophen und Wissenschaftskundige, denn wissen was seyn soll, ist noch lange nicht leben und handeln wie es seyn soll. Tugendlehre. S. 18.

Weltkenntniß.

Zur Weltkenntniß gehört mehr als bloßes

Reisen; denn wer von seinem Reisen Nutzen haben will, der muß schon zum voraus einen Plan haben, und wissen, worauf er sehen, und wornach er forschen und fragen soll. Physische Geographie. I. 1. S. 9.

Wissen, logisches und metaphysisches.

Man mag sein Wissen oder Nichtwissen demonstriren wollen, so muß man doch allemal über die Natur des Wissens selbst etwas Sicheres und Zuverlässiges voraus wissen. Prolegomen. S. 4.

Wissen des Uebersinnlichen und Göttlichen.

Wissen vom Uebersinnlichen und Göttlichen giebt es füglich von Natur aus auf Erden kein Genügendes; aber die Nachfrage nach diesem Wissen kann und wird doch bei alledem nie aufhören, weil der Mensch kein bloßes Erdgeschöpf ist. Prolegom. S. 7.

Witz.

Der Witz ist eine Naturgabe, der niemand sich selbst rühmen darf, unter Strafe alles Anspruches darauf eo ipso sich selbst zu begeben.

Der Witz ist besonders in der Conversation gleich unentbehrlich, um in Beziehung auf das Geschlechtsverhältniß theils den plumpen Cynismus, theils den lächerlichen Purismus zu vermeiden. Anthropolog. S. 15—24.

In der Kunst und Wissenschaft ist der Witz als Aehnlichkeitsweiser den Poeten zu Vergleichungen, den Philosophen als Tiefsinn zur Auffindung des Einen in dem Vielen, und den Naturforschern als Scharfsinn zu der Vielfachheit der Unterschiede in der Einheit einer Gattung gleich nothwendig. Anthropolog. S. 153 ff.

Wohl und Wehe.

Das Wohl oder Wehe, (proficuum i. e. beneficum vel noxium i. e. maleficum) ist etwas ganz anderes als das Gute oder Böse, (bonum vel malum). Jenes ist Gegenstand einer subjectiven Empfindung,

dieses Gegenstand einer objectiven Erkennt=
niß. — Weder unverdientes Wohlseyn,
noch unverschuldetes Wehseyn erhöht
oder verringert den Werth eines freyen
Vernunftwesens; nur selbst gewähltes Gut=
oder Böseseyn vermag das Eine oder das
Andere zu bewirken. Critik der prakt.
Vernunft. S. 104—106.

Wohlgefallen, interessirtes.

Wohlgefallen am Schönen und Guten, blos
um des Nutzens und Vortheils willen, zeigt
und beurkundet den Philister. S. Philister.

Wollen.

Um zu können, was man will, muß
man eben nur wollen, was man kann durch
Gott, und soll. S. Können.

Worte, neue.

S. Sprachneuerung.

Würde,

die sittliche des Menschen, welche ihm seinen
innern Werth ertheilt, besteht weder in dem

was er hat, gilt, oder vermag; weder in dem was er weiß, oder versteht; noch weniger aber in dem was er vorstellt; sondern allein in dem was er ist, und seyn soll. Anthropolog. S. 299.

Z.
Zufriedenheit.

Die Zufriedenheit mit seinem Loose ist für den Menschen nicht etwa ein ursprünglicher Besitz, denn dann wäre sie das Bewußtseyn einer unabhängigen Selbstgenügsamkeit; sondern sie ist vielmehr eine durch Religion erst zu erlangende Seligkeit. Crit. der prakt. Vern. S. 41.

Zweifel.

Zweifel, die jemand sich selbst nicht lösen kann, gebiethet die Vernunft selbst dem einen oder andern Wissenschaftskundigen, der des Zweifelnden Vertrauen besitzt, und wo die Entscheidung dieses abermal widerstritten wird, endlich dem ganzen gelehrten Publikum,

wo es der Mühe werth ist, und die Wichtigkeit
der Sache es erfordert, vorzutragen, ohne
daß man deswegen allein schon für einen un=
ruhigen und gefährlichen Bürger im Staate,
oder für einen Ketzer in der Religion dürfte
angesehen und verschrieen werden, wenn
man nur nicht rumort, und seine Zweifel
vor Unkundigen zum Skandal derselben vor=
bringt. Crit. der rein. Vern. S. 780.
Vergl. oben Freyheit, bürgerlich=lit=
terarische. Item: Gelehrte und Ge=
lehrten=Republik.

Uebersicht
der
Weisheits-Sprüche und Witzreden Hamann's.

A.

	Seite.
Aberglaube	9
Aberglaube und Unglaube.	—
Abgötterei u. Schwärmerei	10
Absicht u. Beweggrund	—
Abstraktionen	—
Accentuation u. Rhythmik	—
Ackerbau	11
Admirari nihil	—
Adoption	—
Aerzte	—
Aesthetik	12
Aesthetische Künstler	—
Aesthet. Naturalisten	—
Alten, die	—
Altflickerei	—
Anfangen	13
Anthropomorphosis	—
Anti-Christenthum	—

	Seite.
Apotheosis	13
Arbeit	—
Arbeiten	14
Astronomen	—
Atheism	15
Aufklärung	—
Ausnahmen	—
Autor	—
Autor, Leser u. Kunstrichter	17
Autor u. seine Absicht	18
Autorität	—

B.

Bauart	18
Begebenheiten	—
Begeisterte (Enthusiasten)	19
Begriffe	—
Beredsamkeit	—
Beruf	20
Bethen	—
Bethschwester	—

	Seite.		Seite.
Betriebsamkeit	20	Dank für Genuß	30
Betrug	—	Demuth	—
Beweggründe	21	Denkart	—
Bewegung	—	Despot	31
Beweise, die, d. Schulweisen	—	Detail	—
		Deutlichkeit	—
Bibel	—	Dialekte	—
Bilden	22	Dialektik	32
Blödigkeit	—	Dichtung	—
Brauch und Sitte	—	Dienste	33
Brod und Spiele	—	Dilettanten	—
Buch	23	Dissonanzen	—
Buchstaben	24	Dogmatiker	—
Bücher	—	Dogmatism und Skepticism	34
Bücher-Richter	—		
Bürger	25	Drama	—
Burlesque	—	Dressiren	—
C.		Dunkelheit	—
Censor	26	Dürftigkeit und Reichthum	35
Chaos	—		
Chikaneur	—	**E.**	
Christenthum	—	Ehe	35
Classiker	28	Ehrenstellen, Ehrentitel	36
Copernicus	—		
Consequenz	29	Ehrlichkeit	—
Convenienz	—	Eigensinnig	—
Credit	—	Einfälle und Zweifel des Menschen	—
Critiker	—		
D.		Einfall der Natur	37
Dämon, d., d. Sokr.	29	Einheit in der Ver-	

	Seite.		Seite.
schiedenheit, und umgekehrt	37	Freundschaft	46
Eins und Alles	—	Freunde, die unächten	—
Einsichten	38	Freygeist	—
Emsigkeit	—	Freyheit die sittliche	—
Encyclopädisten	—	Freyheit, die bürgerl.	47
Enthusiasm	—	Freyheit, die, der Rede	—
Erde	39	Frömmigkeit	—
Erdichtungen	—	Fromme, eine falsche, geheuchelte	48
Erfahrung und Offenbarung	40	Fürst	—

G.

Erkenntniß	—	Gebeth	48
Erscheinung u. Wesen	—	Gebräuche	—
Erziehung	—	Gedanken	—
Ethik	41	Gedichte	49
Etwas und Nichts	—	Gefühle	—
Evangelium	—	Geheimnisse	—
		Gehorsam	—

F.

		Geist, der denkende	—
Fabrikwesen	42	Geld und Sprache	50
Fanatiker	—	Gelehrsamkeit	51
Faulenzer	—	Gelehrte	—
Fechten	—	Gemälde und Umriß	—
Fleiß	—	Genie	52
Folgerichtigkeit	—	Geschichte	53
Forte und piano	43	Geschichtschreiber	54
Fragmente	—	Geschmack	55
Franzosen	—	Gesetzgebung, polit.	—
Frauenzimmer	45	Gesetz-Reform	56
Frechheit	—	Gesichtspunkt	—
Freunde	—		

	Seite.
Gesinnungen	56
Gesunde	—
Gewissen	57
Glaube	—
Glaube, der religiöse	58
Glücksfall	59
Glückseligkeit	—
Gott	—
Gottes des Lebendigen Beweis	60
Gottes-Erkenntniß	61
Gottes Freundschaft	62
Gottesfurcht u. Glaube	—
Gottesläugnung und Gottlosigkeit	—
Gott. Menschwerdung	63
Göttliches u. Menschl.	—
Grundsätze	64
Gut	—

H.

	Seite.
Handel, (mercatura mercimonium)	65
Handlung (gestus)	—
— — (actio)	—
— — eine sittliche	—
Handwerker	66
Harmonica præstabil.	—
Haus, das eigene	—
Heiden	—
Heiterkeit	67

	Seite.
Hermeneutik	67
Herrscher	—
Heuchelei	68
Himmels- u. Gestirnen-Einfluß	—
Hoffnung	69
Homo sum	—
Hypothese	69

J.

	Seite.
Jahrhundert	69
Ich	70
Industrie	—
Inversionen	71
Ironie	—
Irrthümer	72
Italien	—
Juden	73
Jünglinge	—

K.

	Seite.
Kaufleute	73
Ketzer	—
Kinder-Erziehung	74
Kirche und Staat	—
Kleinmeister	75
Können	—
Künstler	—
Kunstrichter (Critiker)	76
Küster	—

L.

	Seite.
Lachen	76

	Seite.
Leben	77
Lehrer	—
Leiden	—
Leidenschaften	78
Lernen	—
Leser	—
Libertiner	79
Lob	80
Lucifer	—
Lügen	—

M.

	Seite.
Magie	81
Magnetismus	—
Mathemat. Methode	—
Mathematik	82
Mathematiker	—
Meinungen	—
Meinung, d. gute log.	83
Meinung, die gute praktische	—
Mensch	—
Menschen-Charaktere und ihre Verschiedenheit	85
Menschenlenkung	86
Menschen-Satzungen	—
Methoden	—
Mineralien	87
Mittelbegriffe, syllogistische	—

	Seite.
Monarch	87
Mönchskünste	88
Moral	—
Musendienst	—
Mythen u. Volkssagen	—
Mystiker	89

N.

	Seite.
Nachahmer	89
Nachsicht	—
Nachwelt	—
Nation	90
Natur	—
Natur, die schöne	91
Naturalisten	92
Naturerscheinungen	—
Natur-Gesetze	—
Neid	—
Neugier	—
Nichts und Etwas	93
Niederreißen	—
Nikolaiten	—
Noth	—
Nutzen	94

O.

	Seite.
Offenbarung	94
Offenbarung und Erfahrung	—
Offenbarungen Gottes	—
Optimismus	95
Original	—

	Seite.		Seite.
Orthodox	96	**S.**	
Orthodoxie	—	Schälksauge	108
Orthographie	—	Schaubühne	—
		Schlafen u. Wachen	109
P.		Schöpfung, die, der Welt	—
Pflicht	97	Schreiben	110
Phantasien	—	Schrift, die heilige	—
Philologen	—	Schriftsteller, ein patriotischer	111
Philosophie	—		
Philosophen, die wahren	99	Schwärmerei	112
Philosophen, die angeblichen	100	Selbsterkenntniß	—
		Selbstgefühl u. Selbstbewußtseyn	113
Poesie	101		
Politik	102	Selbstständigkeit	—
Positives	103	Seyn u. Verstand	—
Publikum	—	Seyn u. vorstellen	114
		Sitte	—
R.		Sittenlehre	—
Recension	104	Sittsamkeit, falsche	115
Recht	105	Skeptiker	—
Recht thun und recht machen	—	Sophisten	—
		Sorgen	116
Rede- und Schreibfreyheit	—	Sprache im Allgemeinen	—
Reden	106	Sprachen, besondere	117
Redner	107	Sprach-Dialekte	118
Regeln	—	Sprachfehler	—
Reim	—	Sprachmißbrauch	119
Religion	—	Sprachreinheit	—
Rhythmus	108	Sprachschatz	

	Seite.		Seite.
Sprachverwirrung	119	Unvermögen	129
Sprachweisen	120	Unwissenheit	130
Staat	—	Ursache u. Wirkung	—
Stände, niedere	121	Urtheil	—
Streiten	—	Urzustand d. Menschheit	131
Stumme und Taube	—		
Styl	122	**V.**	
Sünde	—	Vaterschaft	132
		Venia (Nachsicht)	—
T.		Verderben	—
Tadel	122	Vergötterung, heidnische	—
Teufel	123	Vernunft, d. abstrakt.	133
That	—	Vernunft, die, des Individuums	—
Theismus	—	Vernunft, d. gesunde	—
Theologie	124	Vernunft-Predigt	134
Theologen	—	Vernunft-Renegat	—
Thiersprache	125	Verstand	135
Thorheit	—	Verstehen und nicht verstehen	—
Tod	126	Verzweiflung	136
Toleranz	—	Vorsehung, spezielle	—
Tugend u. Tugenden	127	Vorurtheile	—
Tugendhaftigkeit	—		
Tumult	128	**W.**	
U.		Wachen u. Schlafen	136
Umkehrungen d. Wortsetzung	—	Wahrheit	—
Umkehrungen od. Umstellungen d. Sinnes	—	Wahrscheinlichkeit	139
Ungereimtheit	—	Weiser	—
Unglauben	129	Weltall	140
Unmuth u. Unruhe	—		

	Seite.		Seite.
Welt, die sublunari=		Wörterbücher	144
sche	140	Wunder	144
Weltlauf	—	Wunsch, der eines je=	
Wesen u. Erscheinung	141	den Autors	145
Wetteifer	—		
Widerchristen	—	**Z.**	
Widerwärtigkeiten	—	Zank, unnützer	145
Wille, der göttliche	142	Zeiten	—
Wille, d. d. Menschen	—	Zerstreuung	146
Wirkliches	—	Zufall	—
Wissenschaft	143	Zufriedenheit	147
Wort Gottes	—	Zuhörer	—
Worte der Menschen	143	Zweifel	—

Uebersicht
der
Weisheits-Sprüche und Witzreden Kant's.

A.	Seite.		Seite.
Aberglaube	163	Aussenwelt	166
Affekt u. Leidenschaft		Autor	—
ihr Unterschied	—		
Altes und Neues	164	**B.**	
Anständigkeit	—	Begehren	167
Aufklärung	165	Bejahen od. Verneinen	—
Ausleger, d. i. Herme=		Berühmtheit	168
neuten	—	Betrug, frommer	—

	Seite.
Beweise	168
Bilden u. Erziehen	169
Billigkeit	170
Bösartigkeit	—

C.

Classiker	171
Cmmon-Sens	—
Conversation	—
Critik	172
Critiker	173

D.

Disput	174
Dreieinigkeit	175
Dunkelheit	—

E.

Eigensinn, d. logische	176
Einbildungskraft	—
Einwirkung der Aussenwelt auf die menschliche Seele	177
Erfahrung	178
Erfindung	179
Erkenntnisse, ursprüngliche	180

F.

Forschung	181
Freunde u. Feinde	—
Freyheit, die sittliche	—

	Seite.
Freiheit, die bürgerlich-literarische, der Feder u. d. Druckerpresse	182
Frömmigkeit u. Egoismus	—
Fürst	182

G.

Gegensätze; Vereinigung derselben	—
Geheimnisse	—
Gelehrte	184
Gemeinsinn	185
Geschmack für das Schöne	—
Gesundheit des Verstandes	186
Gott	—
Großthaten, sittliche	187
Gutachten	188

H.

Heuchelei	188

J.

Irrthümer	189
Jugend	190

K.

Kind	190
Kind u. Erwachsene	191

		Seite.
Klugdenken	.	191
Klügeln	.	192
Können	.	—
Körperwelt	.	—
Kriecherei	.	—

L.

Lachen	.	193
Leidenschaft	.	—
Lernen	.	—
Leserei	.	194
Leserei, müßige		195
Lieben und sich verlieben	.	—
Lügen	.	196

M.

Mathem. Methode		196
Mensch	.	—
Menschen-Verstand		197
Metaphysik	.	—
Mutterwitz	.	198

N.

Noth	.	198

O.

Ordnung	.	199

P.

Philister	.	199
Philosoph	.	200
Philosophie	.	201

		Seite.
Philosophiren	.	202
Planemachen	.	203
Prediger	.	—
Politiker	.	240

R.

Raisoniren	.	205
Rechtssinn	.	206
Recensentenkünste		—
Religion	.	207

S.

Schöpfung der Welt		208
Schriften, verderbl.		—
Schüler	.	210
Schulgezänk	.	—
Selbstvertrauen	.	—
Sinnenbetrug	.	211
Sittenlehre	.	—
Sittenlehrer	.	212
Skeptiker	.	—
Sophistik	.	—
Spiele	.	213
Sprachneuerung		214
Staat	.	—
Staatsverfassung		215
Staatswohl	.	216

T.

Thorheit und Verstand	.	216

Titulaturen d. Fürst.	217
Ton, der vornehme	—
Ton, der sanfte	218
Tugend in der Vollkommenheit d. Idee	—
Tugend in der Erscheinung	—
Tugend, als Grundton des Lebens	219

U.

Uebel	220
Unbegreiflichkeit ꝛc.	—
Urtheilskraft, d. prakt.	221

V.

Verbindung zwischen Leib und Seele	222
Vernunft	—
Vernunft-Ansprüche	223
Vernunft, die synthetisirende	—
Verstand	224
Verstehen	224
Vorhersagungen	—

W.

Wahrheit	225
Wahrheiten, angeb.	226
Wahrsagen	—
Wegsehen v. Fehlern	227
Weiser, praktischer	—
Weltkenntniß	—
Wissen, logisches und metaphysisches	228
Wissen des Uebersinnlichen u. Göttlichen	—
Witz	—
Wohl und Wehe	229
Wohlgefallen, intreff.	230
Wollen	—
Worte, neue	—
Würde	—

Z.

Zufriedenheit	231
Zweifel	—

Druckfehler.

Seite 7 Zeile 2 von oben lies sieht. S. 11 Z. 7 u. 11 v. o. l. Admirari. S. 16 Z. 8 von unten l. Critikern. S. 19. Z. 10. v. u. l. Anderer. S. 34 Z. 4 v. o. l. πληροφορια. S. 39 Z. 6. v. u. l. Entia. S. 53 Z. 9. v. u. l. muß. S. 68. Z. 1. v. o. l. hält. S. 80 Z. 7 v. o. l. Urtheil. S. 82 Z. 3 v. o. l. Fertigkeit. S. 85 Z. 1 v. o. l. mensuram. S. 87 Z. 11 v. u. l. oder. S. 89 Z. 1 v. o. l. Bruchstücke. S. 91 Z. 2 v. o. l. Poetæ. S. 97 Z. 4 v. o. l. Tugend-Gesinnung. S. 98 Z. 6. v. o. l. bedeuten. S. 111 Z. 6 v. u. l. verspielen. S. 143 Z. 9 l. für sich und andere. S. 178 Z. 7 v. o. l. Begriffen. S. 228. Z. 8. l. freylich.

CPSIA information can be obtained
at www.ICGtesting.com
Printed in the USA
BVHW041018061218
534842BV00051B/359/P